KB089813

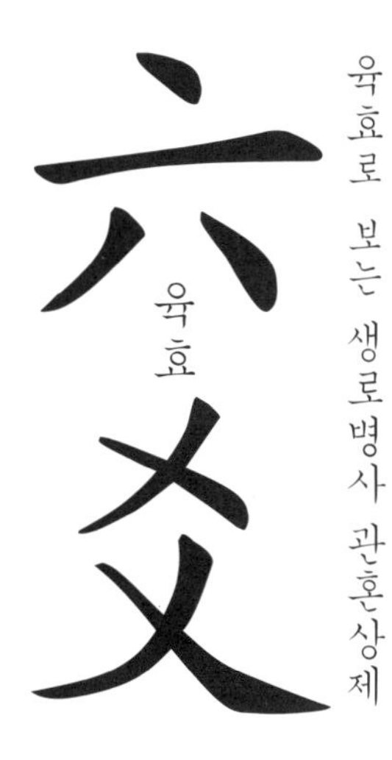

六爻 육효

육효로 보는 생로병사 관혼상제

육효로 보는 생로병사 관혼상제

초판발행 2023년 04월 01일

지은이 광제廣濟
펴낸이 김 민 철

등록번호 제 4 -197호
등록일자 1992.12.05

펴낸곳 도서출판 문원북
주 소 서울시 마포구 토정로 222 한국출판콘텐츠센터 422
전 화 02-2634-9846
팩 스 02-2365-9846
메 일 wellpine@hanmail.net
카 페 cafe.daum.net/samjai
블로그 blog.naver.com/gold7265

ISBN 978-89-7461-497-3
규 격 152mmx225mm
책 값 17,000원

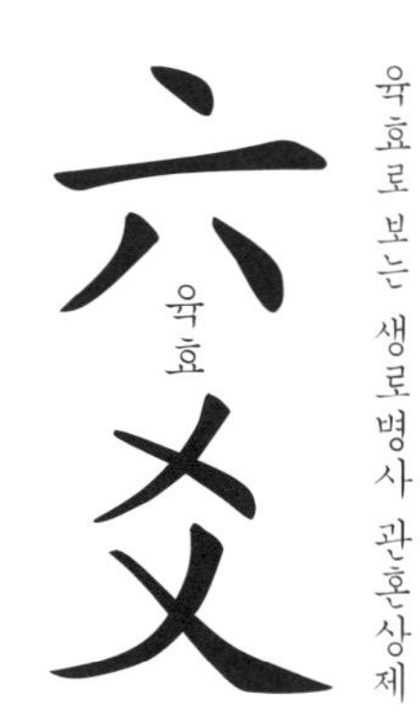

문원북 BOOK

머/리/말

육효의 신비함을 경험한 분이라면 신(神)과 역(易)이 함께한다는 것을 느꼈을 것이다. 괘(卦)를 구하는 순간 신(神)이 함께하고, 점서(占筮)를 붙일 때 역(易)이 함께한다.
그래서 육효 점을 구할 때 부정한 짓을 하지 말고, 똑 같은 질문에 2번 점을 치지 않는다. 만약, 자신이 원하는 답을 얻지 못하여도, 겸손하게 받아들이고 문제를 해결하기위해 잘 대비한다면, 신(神)에게 충분한 답을 들은 것이다.

본 도서의 기초이론과 점서(占筮)를 붙이는 방법은 복서정종(伏暑正宗)을 기본으로 하고, 예시는 주원장과 함께 명나라를 건국한 유백온이 저술한 천금부황금책(千金賦黃金策)을 기본으로 현재 우리 실상에 맞게 각색하였다. 세상사 모드 일을 예시로 설명할 수 없지만 비슷한 질문에 답을 참고한다면 충분할 것이다.

우리는 어머니 배속에서 태어나 성인으로 성장하는 과정에서 많은 경험을 하게 된다. 대학입시, 취업, 결혼, 출산, 집 장만, 자녀문제, 건강, 노후문제 등 아마도 현대를 사는 도시인이라면 비슷한 경험과 고민을 하며 살아가지 않나 싶다.

가끔 인생의 좌표를 잃어 방황할 때, 지푸라기라고 잡고 싶은 심정으로 점집, 철학관을 찾아가 답을 구한다. 하지만 신선이 나타나 답을 해준다면 몰라도, 그럼 아마도 실패는 없을 것이다.

그러나 인생사 그렇게 만만하지 않다. 오답이던, 정답이던 스스로 찾아야 한다. 만약, 여러분이 최선을 다해 살았다면, 우리가 매 순간마다 겪게 되는 인생사 카테고리 안에서 하늘에 운을 묻는다면, 진인사(盡人事) 후 대천명(待天命)할 것이다.
이것이 육효(六爻)다. 물론 정답이 아닐 수 있다. 하지만 우리가 인생의 망망대해(茫茫大海)를 건널 때 최소한의 나침반 역할은 해줄 수 있을 것이다.

癸卯年 乙卯月 **地平**

목/차

제1장 육효의 의미와 괘를 얻는 법

제2장 점서 붙이기

제3장 점서의 해석

제4장 실전풀이

제5장 64괘상 풀이

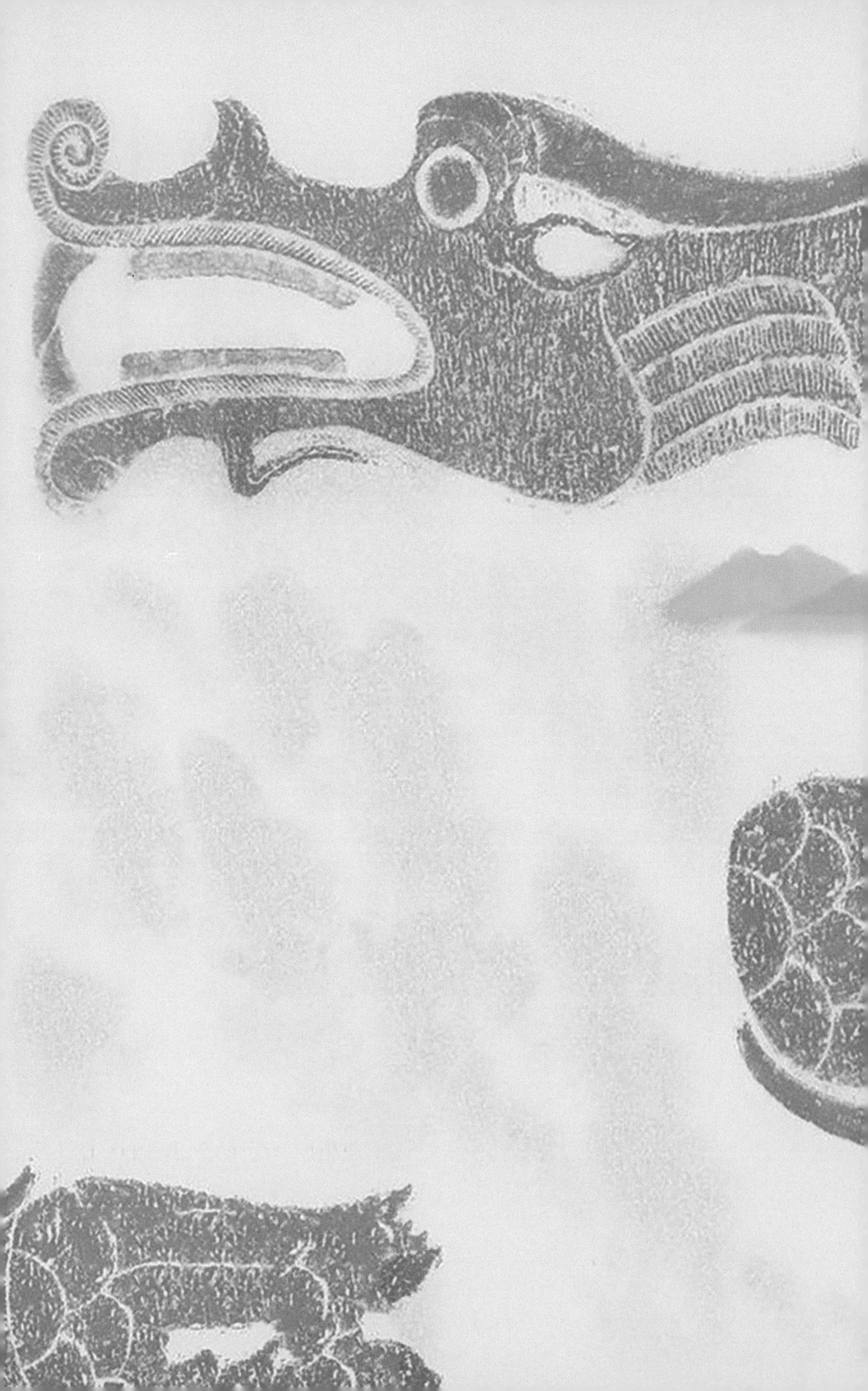

제1장
육효의 의미와 괘를 얻는 법

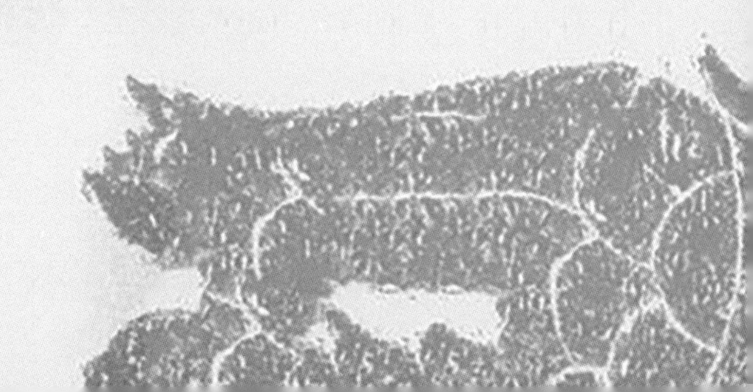

1. 역(易)의 기원

역(易)은 기원전 1000년전 중국(中國) 주(周)나라 문왕(文王)과 아들 주공(周公)에 의해 만들어졌다. 이후 춘추전국시대 노(魯)나라 공자(孔子)가 경문을 해석한 십익(十翼)이 있는데 7종 10편으로 단전(彖傳) 상, 하 2편, 상전(象傳) 상, 하 2편(64괘의 해설), 계사전(繫辭傳) 상, 하 2편(종합적인 해석, 십익의 핵심사상), 문언전(文言傳), 설괘전(說卦傳_괘의 능력과 형상 등의 개괄적 설명) 서괘전(序卦傳_64괘 배열순서의 설명), 잡괘전(雜卦傳_서로 대립하는 괘의 설명) 이루어져 있다.

그 후 역경(易經)의 해석은 춘추시대(春秋時代)로부터 송(宋)나라 시대까지 많은 학자들이 연구 발전시켜왔으며, 송(宋)나라 주자(朱子)가 완벽한 형태로 완성시켜 오늘날 전해지는 것이 주자학(朱子學)이다.
주자(朱子)와 같은 시대에 육상산(陸象山)이란 학자가 있었는데, 주자와 대립되는 학설(學說)을 주장하였으며 그 주장을 계승하여 왕양명(王陽明)이 다시 발전시킨 것이 양명학(陽明學)이다.

우리나라의 대표적 학자로 조선시대 이황(李滉), 이이(李珥)가 있었고, 선조(宣祖)때 한글토와 한자음이 표기된 9권 6책으로 발간된 주역언해(周易諺解)가 있다. 또한 괘상(卦象) 설명과 교훈(敎訓)을 담아 이지함(李之菡)만든 토정비결(土亭祕訣)이 있다.

1) 역(易)의 원리와 효(爻)

역易 자의(字義)는 「바뀔」역이다. 삼라만상(森羅萬象)은 끊임없이 「바뀐다」는 의미가 담겨 있다. 易(역)은 주역(周易)에 의해 창시(創始) 되었으며 그 경문(經文)에 의해 완성되었다. 주역(周易)에서 태초(太初)의 우주(宇宙)는 무극(無極) 상태였고, 태극(太極)의 기(氣)가 일어나, 그 기(氣)가 음(陰), 양(陽)을 생(生)하여 삼라만상(森羅萬象)의 우주를 탄생시켰다고 규정하고 있다.

주역(周易)은 음(陰) 양(陽)의 동정(動靜)이 만상(萬象)을 생(生)하고, 성장하며, 멸(滅)한다고 하였다. 또한 만상(萬象)속의 음(陰), 양(陽)을 추론(推論)하여 길흉화복(吉凶禍福)을 예측하였고, 예측한 상(象)을 '괘(卦)'로 표출(表出)하여 경문(經文)으로 해석(解析)하였다. 그 經文(경문)의 해석한 학문이 주자의 주자학(朱子學) 이다.

그럼 괘(卦)는 어떻게 생성(生成)되는 것인가?
만상(萬象)은 음(陰) 양(陽)의 동정(動靜)으로 생(生)하고, 성장하게 하며 멸(滅) 한다고 하였다. 그 음양을 기호로 표현한 것이 효(爻)고, 효가 모인 것이 괘(卦)다.

태극(太極)

양의(兩儀)

양효(陽爻) 음효(陰爻)

2) 사상(四象)과 괘(卦)

사상(四象)은 음양(陰陽)이 한단계 발전된 상태를 의미한다.
양(陽) 중에서 밝은 부분과 어두운 부분으로 다시 구분하고, 밝은 부분을 태양(太陽) 어두운 부분을 소음(少陰)이라고 한다.
음(陰) 중에서 어두운 부분과 밝은 부분으로 다시 구분하여 어두운 부분을 태음(太陰) 밝은 부분을 소양(小揚)이라고 한다.

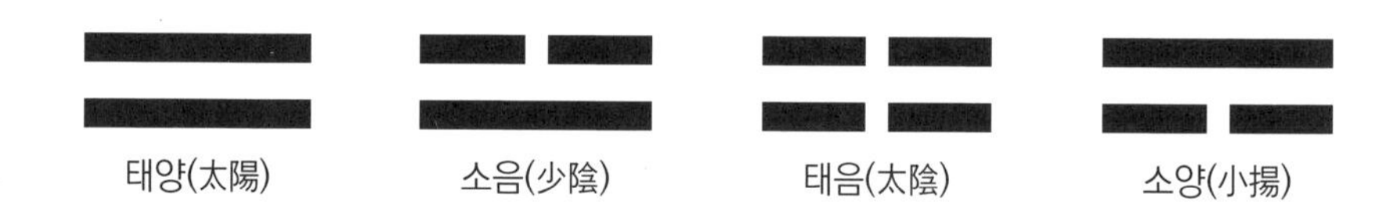

그리고 효(爻) 3개가 결합된 팔괘(八卦)를 소성괘(小成卦)라 하고, 소성괘를 가로8개 세로8개로 결합하면 64괘가 되는데 이것을 대성괘(大成卦)라 한다.

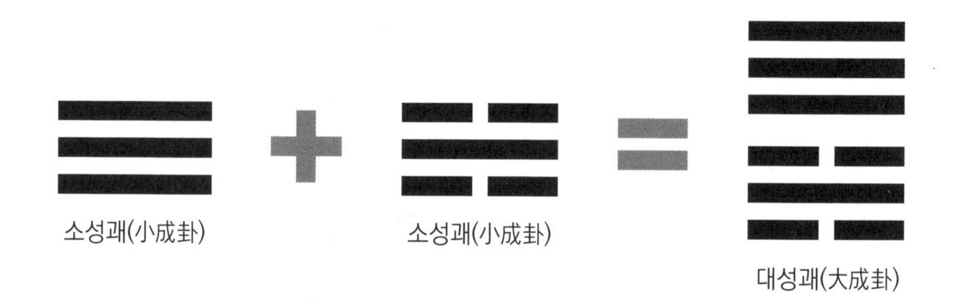

그럼 육효(六爻)란 무엇인가?

양효(陽爻)와 음효(陰爻)를 가지고 6개가 하나인 괘(卦)를 만들어 길흉화복(吉凶禍福)을 점(占)치는 학문이 육효(六爻)다. 또 앞서 말한 효(爻) 3개가 결합된 팔괘(八卦)를 소성괘(小成卦)라 하고, 건(乾) 태(兌) 이(離) 진(震) 손(巽) 감(坎) 간(艮) 곤(坤)을 말한다. 그리고 소성괘를 가로8개 세로8개로 결합하면 64괘가 되는데 이것을 대성괘(大成卦)라 하며, 주역(周易)의 64괘가 이것이다.

3) 팔괘(八卦)의 생성

팔괘(八卦)는 사상에서 한단계 더 발전된 상태를 의미한다. 즉 태양을 기준으로 밝은 부분과 어두운 부분, 소음을 기준으로 밝은 부분과 어두운 부분, 소양을 기준으로 밝은 부분과 어두운 부분, 태음을 기준으로 밝은 부분과 어두운 부분으로 한번 더 나누면 소성괘(小成卦)인 팔괘(八卦)가 만들어 진다. 그리고 팔괘는 각각의 상징적인 의미를 갖고 있다.

태양(太陽)중에서 밝은 부분			坤
태양(太陽)중에서 어두운 부분			兌
소음(少陰)중에서 어두운 부분			離
소음(少陰)중에서 어두운 부분			震
소양(少陽)중에서 밝은 부분			巽
소양(少陽)중에서 어두운 부분			坎
태음(太陰)중에서 밝은 부분			艮
태음(太陰)중에서 어두운 부분			坤

4) 팔괘(八卦)가 갖고 있는 의미

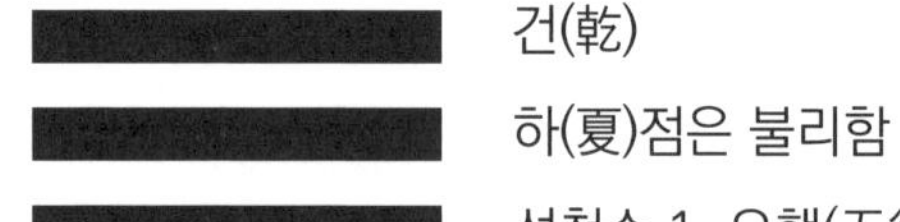

건(乾)

하(夏)점은 불리함

선천수 1, 오행(五行) 금(金)에 속한다.

1) 천시: 맑고 청명함, 눈(雪)

2) 상像: 하늘

3) 장소: 서북(西北)방, 대도시, 명승지, 학교, 관청, 높은 지형

4) 인물: 노부, 남편, 대인, 노인, 웃어른, 고위 공직자, 유명인

5) 성정: 원만함, 강건하고 과감하게 결단력

6) 신체: 머리, 뼈, 폐, 정수리, 광대뼈와 볼

7) 계절: 늦가을, 초겨울

8) 동물: 말, 사자, 코끼리, 매, 독수리

9) 사물: 금옥, 나무 열매, 강하고 단단한 것

10) 가택: 서북향집, 추점(秋占)에는 흥왕하고, 하점(夏占)에는 화(禍)가 있으며, 동점(冬占)에는 쇠락한다.

11) 결혼: 추점(秋占) 성혼함, 하점(夏占)에는 불리함.

12) 음식: 건조한 것, 뼈 많은 것, 매운 것, 둥근 것, 열매

13) 출산: 추(秋)점은 귀한 자식을 낳고, 하(夏)점은 손상이 있다.

14) 직업: 명성과 권세가 있는 지위, 법관, 군인, 외교관

15) 출행: 북서 방, 대도시나 서울로 가는 것이 이롭다.

16) 질병: 얼굴 안면 장애. 폐병, 근골 병

17) 오색: 대적(大赤), 현색(玄色)

18) 미각: 맵고 아린 맛

19) 수리: 1, 4, 6, 9행은 불리하며, 서쪽이 길하다. 추(秋)점에는 무난히 출행

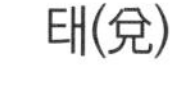

태(兌)

하(夏)점은 불리함

선천수는 2, 오행(五行) 금(金)에 속한다.

1) 천시: 구름, 이슬, 별, 초승달, 안개

2) 상像: 연못(澤)

3) 장소: 서(西)방, 저수지, 파손된 우물, 식당

4) 인물: 소녀, 선생님, 연예인, 친구, 강사, 무당

5) 성정: 잘 웃고 잘 떠들며, 험담을 잘하며 애교가 있다.

6) 신체: 혀, 입, 폐, 입에서 나오는 침, 점액, 방광, 대장

7) 계절: 초가을

8) 사물: 금속, 칼, 악기, 흠이 있는 폐물, 술잔, 접시, 동전

9) 동물: 양, 연못 속에서 사는 동물, 오리, 승냥이

10) 가택: 서향 연못 주변에 집, 구설이 분분하여 불안함.

11) 결혼: 어렵지만, 추점은 가능하다. 막내 딸 혼인 길함.

12) 음식: 양고기, 연못에서 나온 것, 숙성시킨 것.

13) 출산: 딸이 확률이 높으며, 난산이 염려된다.

14) 직업: 형 집행자, 무관, 물 관리

15) 출행: 원행은 불리하며, 서쪽이 길하다. 추(秋)점에는 무난히 출행

16) 질병: 입병, 편도, 치아질환, 기관지염, 천식, 폐질환

17) 오색: 백색

18) 미각: 맵고 아린 맛

19) 수리: 2, 4, 7, 9

이(離)

동(冬) 점은 불리함

선천수는 3, 오행(五行) 화(火)에 속한다.

1) 천시: 맑음, 무지개, 노을

2) 상像: 불(火)

3) 장소: 남(南)방, 볕이 잘 드는 곳, 경찰소, 화재장소, 법원

4) 인물: 둘째딸(차녀), 문인(文人), 군인

5) 성정: 총명하고 예의가 바르다. 조급하다.

6) 신체: 눈(目)

7) 계절: 여름

8) 동물: 꿩, 거북, 자라, 게, 소라, 곤충류

9) 사물: 불, 문서, 건조한 물건, 홍색 물건, 속 빈 물건

10) 가택: 남향집, 화려한 건물, 편안하고 태평한 주택

11) 결혼: 하(夏)점에는 길하나, 동(冬)점에는 불리하다.

12) 음식: 꿩 고기, 불에 굽거나 태운 음식, 말린 음식

13) 출산: 순산, 딸아이를 낳을 확률이 높다.

14) 직업: 문관으로 나가면 좋고, 불을 다루는 직종도 길하다.

15) 출행: 남방으로 길하며, 문서일로 출행하면 길하다.

16) 질병: 화상, 심장병, 열병.

17) 오색: 적색, 자색, 홍색.

18) 미각: 쓴맛

19) 수리: 9, 3, 2, 7

진(震)

추(秋)점은 불리함

선천수는 4, 오행(五行) 목(木)에 속한다.

1) 천시: 천둥, 번개, 소나기

2) 상像: 우뢰(雷)

3) 장소: 동(東)방, 시장, 번성한 장소, 큰 길, 진원지

4) 인물: 장남, 무인(武人), 운동선수

5) 성정: 활동적, 화가 많음, 놀람, 들떠 있고 불안함

6) 신체: 발, 턱, 음성을 내는 기관

7) 계절: 봄

8) 사물: 나무, 대나무, 화초, 나무로 만든 제품, 악기

9) 동물: 용, 뱀, 벌, 나비, 백로, 학

10) 가택: 동향집, 누각, 산림 속 집

11) 결혼: 장남의 경우 길하다.

12) 음식: 채소류, 물고기, 신맛 열매

13) 출산: 사내아이를 낳을 확률이 높다. 동쪽이 이롭다.

14) 직업: 동쪽이 길하고, 형옥(刑獄)을 관장. 호령하는 일에 길하다.

15) 출행: 동쪽이 길하며. 추점에는 놀라는 일이 생기니 불길하다.

16) 질병: 족질(足疾), 정신이상, 경련

17) 오색: 푸른색, 청색

18) 미각: 신맛

19) 수리: 4, 8, 3

손(巽)

추(秋)점은 불리함

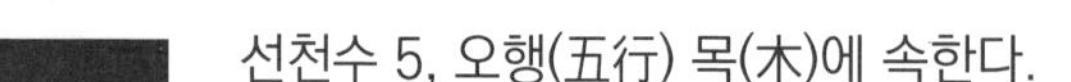

선천수 5, 오행(五行) 목(木)에 속한다.

1) 천시: 바람

2) 상像: 풍(風)

3) 지리: 동남(東南)방, 초목이 무성한 곳, 채소밭, 과수원, 화원

4) 인물: 장녀, 기술자, 산림인, 도인, 장사꾼

5) 성정: 유화하고 우유부단함, 가볍다.

6) 신체: 넓적다리, 털, 담, 사지

7) 계절: 봄과 여름사이

8) 사물: 나무, 향기 나는 것, 식물, 나무로 정교하게 만든 그릇

9) 동물: 닭, 백금, 산림 속에 있는 새나 벌레

10) 가택: 산림 속에 있는 집, 인근에 사찰이 있는 집

11) 결혼: 어렵지만, 장녀는 길하다.

12) 음식: 산림 속에서 채취한 채소류, 신맛이 나는 음식

13) 출산: 순산하며, 여자 아이를 낳을 확률이 높다.

14) 직업: 동남쪽이 길하며, 세무직이 좋다.

15) 출행: 출입에 유리하다. 동남행이 유리하다.

16) 질병: 감기 몸살(유행성 질환) 다리, 풍질, 중풍,

17) 오색: 청록색, 푸른색, 순백색

18) 미각: 신맛

19) 수리: 5, 3, 4, 8

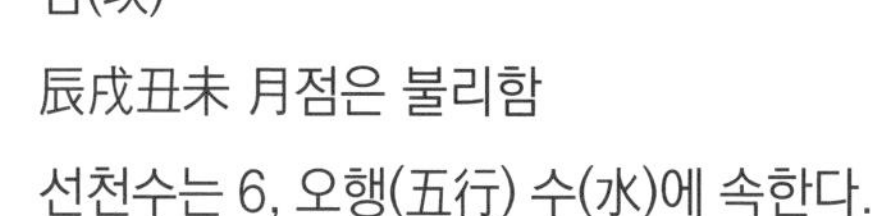

감(坎)

辰戌丑未 月점은 불리함

선천수는 6, 오행(五行) 수(水)에 속한다.

1) 천시: 비, 서리, 안개

2) 상像: 물水

3) 지리: 북(北)방, 강, 호수, 계곡물, 우물, 샘물, 습지,

4) 인물: 둘째 아들(차남), 어부, 도적, 여자 경우 화류계

5) 성정: 음험, 모함, 외유내강, 지혜롭다.

6) 신체: 귀(耳), 혈액, 신장

7) 계절: 초겨울

8) 동물: 돼지, 물고기, 여우, 사슴

9) 사물: 술, 독, 피, 물속에 있는 생물

10) 가택: 따뜻한 북향집, 집 근처 습지, 술집이나 카페가 있다.

11) 결혼: 차남의 경우 길하다. 북쪽 사람과 혼인하면 더 좋다.

12) 음식: 돼지고기, 찬 음식, 해물, 발효음식, 젓갈 류

13) 출산: 두 번째 출산이면 무난하고, 둘째는 아들이다.

14) 직업: 물가와 북쪽이 길하며, 형사, 해양과 관련 직종은 길하다.

15) 출행: 원행에 불리하다. 배를 타거나, 북방 출행은 길하다.

16) 질병: 귓병, 식중독, 혈병(血病),

17) 오색: 흑색

18) 미각: 짠맛

19) 수리: 1, 6

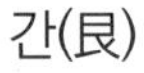

1) 천시: 구름, 안개, 연기

2) 상像: 산(山)

3) 지리: 동북(東北)방, 산, 산길, 구릉, 분묘가 있는 곳

4) 인물: 막내아들, 소년, 산중인(山中人), 승려, 문지기

5) 성정: 독립심이 강함, 요지부동이다.

6) 신체: 손가락, 코

7) 계절: 늦겨울 초봄 사이

8) 동물: 개, 쥐, 주둥이가 검은 동물

9) 사물: 창고, 문, 지붕, 벽, 누런 색을 띤 물건, 흙 속에 있는 것

10) 가택: 동북향 집, 산 밑, 또는 집 근처 도로 또는 바위가 있는 곳.

11) 결혼: 늦어지고 막히니 어렵지만, 막내아들의 결혼은 길하다.

12) 음식: 흙에서 나는 것, 동물의 고기

13) 출산: 난산이며 출산이 임박할 때, 동북방을 향하면 길하다.

14) 직업: 동북방향이 길하다. 산, 토지 관련된 직업이 길하다.

15) 출행: 원행에 불리하다. 지체된다. 가까운 육로는 무관함.

16) 질병: 마비, 동맥경화, 고혈압

17) 오색: 황색

18) 미각: 단맛

19) 수리: 7, 5, 8, 10

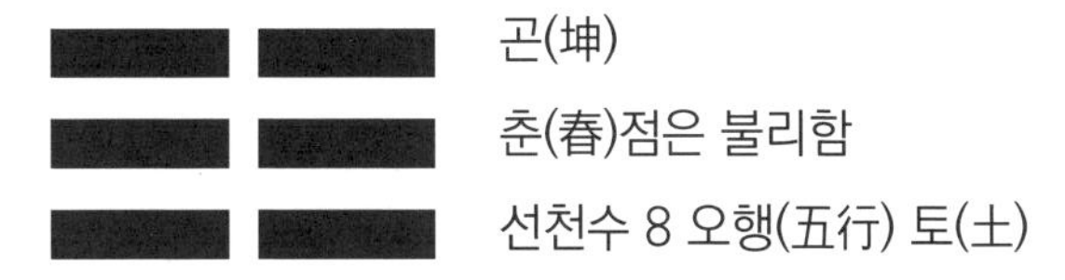
곤(坤)
춘(春)점은 불리함
선천수 8 오행(五行) 토(土)

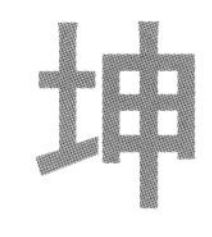

1) 천시: 구름 가랑비, 안개, 구름

2) 상像: 땅(地)

3) 지리: 서남(西南)방 전야(田野), 시골, 평지, 서남방

4) 인물: 노모, 처, 농부, 중인(衆人),

5) 성정: 온순하고 유약함, 인색하고 느리다. 완고하고 둔하다.

6) 신체: 배(腹), 엉덩이, 빰

7) 계절: 가을

8) 동물: 소, 흰짐승, 암말, 참새, 갈가마귀

9) 사물: 가게, 택지 네모난 물건, 흙 속에서 나온 것, 부드럽고 유약한 물건

10) 가택: 창고, 토담집, 음기가 많은 곳. 춘점에는 가택이 불안함

11) 결혼: 재산이 있는 집이나 향촌에 있는 집이 길하다.

12) 음식: 식물, 달콤한 맛. 오곡 류, 짐승의 내장, 뼈가 없는 고기

13) 출산: 순산, 춘점에는 난산이며 아이나 산모가 불리하다.

14) 직업: 명예, 토지와 관련된 직업, 교관(敎官)

15) 출행: 농촌이나 육로 서남방으로 가는 것이 이롭다.

16) 질병: 비만, 체하거나 상한 음식을 먹고 생기는 소화기 계통 병

17) 오색: 황색, 검은색

18) 미각: 단맛

19) 수리: 2, 8, 5, 10

▣ 팔괘(八卦)의 구성도

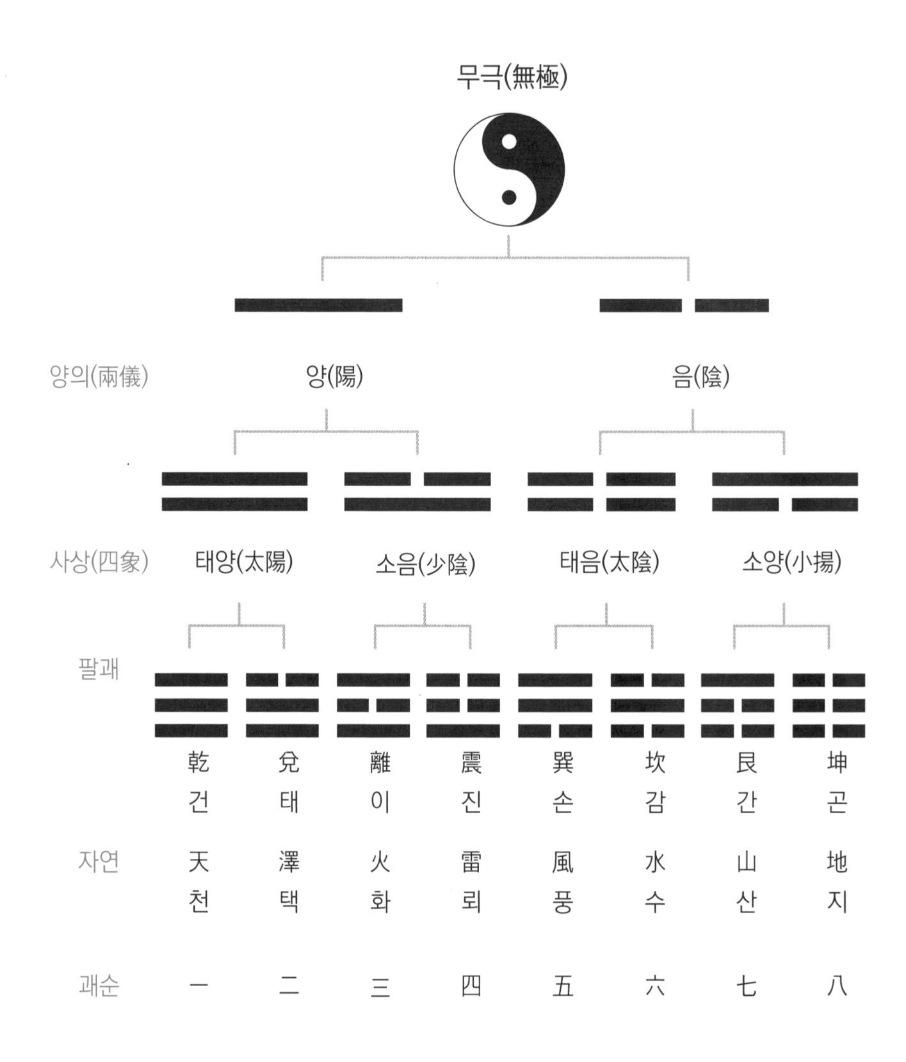

무극(無極)
양의(兩儀)
양(陽)
음(陰)
사상(四象)
태양(太陽)
소음(少陰)
태음(太陰)
소양(小揚)
팔괘
乾 건
兌 태
離 이
震 진
巽 손
坎 감
艮 간
坤 곤
자연
天 천
澤 택
火 화
雷 뢰
風 풍
水 수
山 산
地 지
괘순
一 二 三 四 五 六 七 八

5) 64괘(卦)의 생성

64괘는 팔괘(八卦)가 한단계 더 발전된 상태를 의미하며, 주역에서는 상수역(象數易) 과 의리역(義理易)으로 구분하고, 상(上)경과 하(下)경으로 두편으로 되어있다.
의리역(義理易)에서 상경은 공간의 개념으로 1번괘 중천건(重天乾)부터 30번째괘 중화리(重火離)까지 하경은 시간적 개념으로 31번괘 택산함(澤山咸)부터 64번째괘 화수미제(火水未濟) 까지다. 즉 공간에서 시간이 탄생하고 성장 소멸하는 순환고리로 역의 변화원리를 나타내며, 상수역과 의리역으로 구분하지만, 괘상(卦象)은 같고 순서와 이름만 서로 다르며 해석과 의미는 차이가 없다.

그리고 육효는 물상과 수를 바탕으로 건(乾) 태(兌) 이(離) 진(震) 손(巽) 감(坎) 간(艮) 곤(坤)을 순서대로 상하로 연결하여 1번괘 건위천(乾爲天)부터 64번째괘 곤위지(坤爲地)까지 음양오행과 생극제화의 원리를 바탕으로 상수역을 따른다.

1	2	3	4	5	6	7	8	
䷀	䷹	䷝	䷲	䷸	䷜	䷳	䷁	괘상
重天乾 중천건	重澤兌 중택택	重火離 중화이	重雷震 중뢰진	重風巽 중풍손	重水坎 중수감	重山艮 중산간	重地坤 중지곤	의리역
乾爲天 건위천	澤爲澤 택위택	離爲火 이위화	震爲前 진위전	巽爲風 손위풍	坎爲水 감위수	艮爲山 간위산	坤爲地 곤위지	상수역

▣ 주역 상경(上經)과 하경(下經) - 의리역(義理易)

1중천건 굳쎄다	2중지곤 순응하다	3수뢰둔 막히다	4산수몽 어리다	5수천수 기다리다	6천수송 소송, 재판	7지수사 군대, 장수	8수지비 비교, 화합
9풍천소축 적게 모음	10천택리 예절, 따름	11지천태 크게 통함	12천지비 답답함	13천화동인 협력, 협동	14화천대유 크게 만족	15지산겸 겸허함	16뇌지예 예측, 기교
17택뢰수 따르다	18산풍고 벌레, 말썽	19지택림 군림, 커짐	20풍지관 연구, 살핌	21화뢰서합 씹다. 합침	22산화비 장식, 꾸밈	23산지박 침몰, 강탈	24지뢰복 회복, 복귀
25천뢰무망 헛됨, 무망	26산천대축 크게 모음	27산뢰이 봉양, 기름	28택풍대과 크게지나침	29중수감 함몰, 난관	30중화리 열정, 의욕	31택산함 同心, 결혼	32뇌풍항 한결, 항상
33천산둔 운둔, 피함	34뇌천대장 힘참, 흥성	35화지진 진보, 진출	36지화명이 풍전등화	37풍화가인 집사, 여인	38화택규 감시, 시기	39수산건 멈춤, 고난	40뇌수해 해결, 완화
41산택손 손해, 줄임	42풍뢰익 이익, 더함	43택천쾌 붕괴, 승리	44천풍구 만남, 추함	45택지취 결합, 모임	46지풍승 상승, 번성	47택수곤 고난, 힘듦	48수풍정 우물, 쉼터
49택화혁 혁신, 혁명	50화풍정 안정, 솥	51중뢰진 움직임	52중산간 멈춤, 정지	53풍산점 점점나아짐	54뇌택귀매 비정상결혼	55뇌화풍 성장, 풍성	56화산려 여행, 손님
57중풍손 공손, 겸손	58중택태 기쁨, 희열	59풍수환 분리, 이별	60수택절 절제, 절약	61풍택중부 믿음, 신뢰	62뇌산소과 조금지나침	63수화기제 성취, 완성	64화수미제 미완성

▣ 주역 상경(上經)과 하경(下經) – 상수역(象數易)

外快 / 內快	① 乾天☰ 戌申午 건위천	② 兌澤☱ 未酉亥 태위택	③ 離火☲ 巳未酉 이위화	④ 震雷☳ 戌申午 진위뢰	⑤ 巽風☴ 卯巳未 손위풍	⑥ 坎水☵ 子戌申 감위수	⑦ 艮山☶ 寅子戌 간위산	⑧ 坤地☷ 酉亥丑 곤위지
① 乾天☰ 辰寅子 건위천	① 乾 ① 金 ☰ ☰ 乾爲天 건위천 六	② 坤 ① 土 ☱ ☰ 澤天夬 택천쾌 五	③ 乾 ① 金 ☲ ☰ 火天大有 화천대유 三	④ 坤 ① 土 ☳ ☰ 雷天大壯 뢰천대장 四	⑤ 巽 ① 木 ☴ ☰ 風天小畜 풍천소축 初	⑥ 坤 ① 土 ☵ ☰ 水天需 수천수 四	⑦ 艮 ① 土 ☶ ☰ 山天大畜 산천대축 二	⑧ 坤 ① 土 ☷ ☰ 地天泰 지천태 三
② 兌澤☱ 丑卯巳 태위택	① 艮 ② 土 ☰ ☱ 天澤履 천택리 五	② 兌 ② 金 ☱ ☱ 兌爲澤 태위택 六	③ 艮 ② 土 ☲ ☱ 火澤睽 화택규 四	④ 兌 ② 金 ☳ ☱ 雷澤歸妹 뢰택귀매 三	⑤ 艮 ② 土 ☴ ☱ 風澤中孚 풍택중부 四	⑥ 坎 ② 水 ☵ ☱ 水澤節 수택절 初	⑦ 艮 ② 土 ☶ ☱ 山澤損 산택손 三	⑧ 坤 ② 土 ☷ ☱ 地澤臨 지택림 二
③ 離火☲ 亥丑卯 이위화	① 離 ③ 火 ☰ ☲ 天火同人 천화동인 三	② 坎 ③ 水 ☱ ☲ 澤火革 택화혁 四	③ 離 ③ 火 ☲ ☲ 離爲火 이위화 六	④ 坎 ③ 水 ☳ ☲ 雷火豊 뢰화풍 五	⑤ 巽 ③ 木 ☴ ☲ 風火家人 풍하가인 二	⑥ 坎 ③ 水 ☵ ☲ 水火旣濟 수화기제 三	⑦ 艮 ③ 土 ☶ ☲ 山火賁 산화비 初	⑧ 坎 ③ 水 ☷ ☲ 地火明夷 지화명이 四
④ 震雷☳ 辰寅子 진위뢰	① 巽 ④ 木 ☰ ☳ 天雷无妄 천뢰무망 四	② 震 ④ 木 ☱ ☳ 澤雷隨 택뢰수 三	③ 巽 ④ 木 ☲ ☳ 火雷噬嗑 화뢰서합 五	④ 震 ④ 木 ☳ ☳ 震爲雷 진위뢰 六	⑤ 巽 ④ 木 ☴ ☳ 風雷益 풍뢰익 三	⑥ 坎 ④ 水 ☵ ☳ 水雷屯 수뢰둔 二	⑦ 巽 ④ 木 ☶ ☳ 山雷頤 산뢰이 四	⑧ 坤 ④ 土 ☷ ☳ 地雷復 지뢰복 初
⑤ 巽風☴ 酉亥丑 손위풍	① 乾 ⑤ 金 ☰ ☴ 天風姤 천풍구 初	② 震 ⑤ 木 ☱ ☴ 澤風大過 택풍대과 四	③ 離 ⑤ 火 ☲ ☴ 火風鼎 화풍정 二	④ 震 ⑤ 木 ☳ ☴ 雷風恒 뢰풍항 三	⑤ 巽 ⑤ 木 ☴ ☴ 巽爲風 손위풍 六	⑥ 震 ⑤ 木 ☵ ☴ 水風井 수풍정 五	⑦ 巽 ⑤ 木 ☶ ☴ 山風蠱 산풍고 三	⑧ 震 ⑤ 木 ☷ ☴ 地風升 지풍승 四
⑥ 坎水☵ 午辰寅 감위수	① 離 ⑥ 火 ☰ ☵ 天水訟 천수송 四	② 兌 ⑥ 金 ☱ ☵ 澤水困 택수곤 初	③ 離 ⑥ 火 ☲ ☵ 火水未濟 화수미제 三	④ 震 ⑥ 木 ☳ ☵ 雷水解 뢰수해 二	⑤ 離 ⑥ 火 ☴ ☵ 風水渙 풍수환 五	⑥ 坎 ⑥ 水 ☵ ☵ 坎爲水 감위수 六	⑦ 離 ⑥ 火 ☶ ☵ 山水蒙 산수몽 四	⑧ 坎 ⑥ 水 ☷ ☵ 地水師 지수사 三
⑦ 艮山☶ 申午辰 간위산	① 乾 ⑦ 金 ☰ ☶ 天山遯 천산둔 二	② 兌 ⑦ 金 ☱ ☶ 澤山咸 택산함 三	③ 離 ⑦ 火 ☲ ☶ 火山旅 화산여 初	④ 兌 ⑦ 金 ☳ ☶ 雷山小過 뢰산소과 四	⑤ 艮 ⑦ 土 ☴ ☶ 風山漸 풍산점 三	⑥ 兌 ⑦ 金 ☵ ☶ 水山蹇 수산건 四	⑦ 艮 ⑦ 土 ☶ ☶ 艮爲山 간위산 六	⑧ 兌 ⑦ 金 ☷ ☶ 地山謙 지산겸 五
⑧ 坤地☷ 卯巳未 곤위지	① 乾 ⑧ 金 ☰ ☷ 天地否 천지비 三	② 兌 ⑧ 金 ☱ ☷ 澤地萃 택지췌 二	③ 乾 ⑧ 金 ☲ ☷ 火地晉 화지진 四	④ 震 ⑧ 木 ☳ ☷ 雷地豫 뢰지예 初	⑤ 乾 ⑧ 金 ☴ ☷ 風地觀 풍지관 四	⑥ 坤 ⑧ 土 ☵ ☷ 水地比 수지비 三	⑦ 乾 ⑧ 金 ☶ ☷ 山地剝 산지박 五	⑧ 坤 ⑧ 土 ☷ ☷ 坤爲地 곤위지 六

6) 용마하도(龍馬河圖)와 복희선천팔괘(伏羲先天八卦)

고대 중고 태고시대 때 복희씨가 황제가 되어 하늘에 제를 올리니 황화(黃河)에서 용(龍) 머리에 몸은 말(馬) 형상을 하고 등에 55개 무늬를 한 신성한 동물이 출현하였다. 마치 그 모양이 태조에 삼라만상이 생겨나는 이치를 알려주기 위함이라 생각하고, 복희씨가 연구하여 만들었다고 하여 복희선천팔괘라 하였다.

【용마하도龍馬河圖】

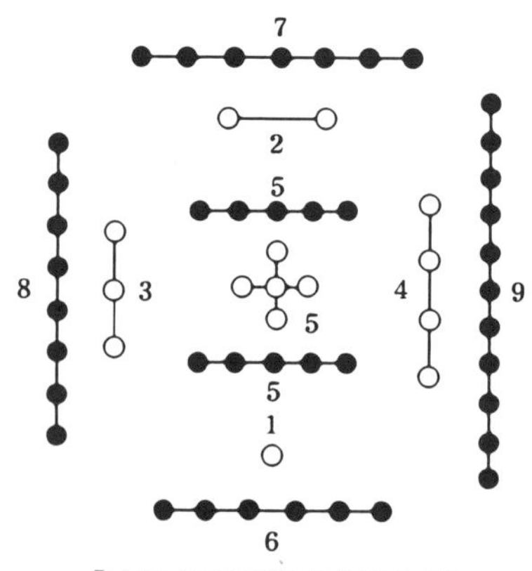

【복희선천팔괘伏羲先天八卦】

7) 신구낙서(神龜洛書)와 문왕후천팔괘(文王後天八卦)

고개 중국 하(夏)나라 우(禹)왕 때 황화(黃河) 45개의 점(點)이 찍인 신성한 거북이가 나타났다. 그후 세월이 흘러 왕조가 바뀌고 주(周)나라 문(文)왕이 점의 이치를 깨닫아 만든 것이 문왕후천팔괘다.

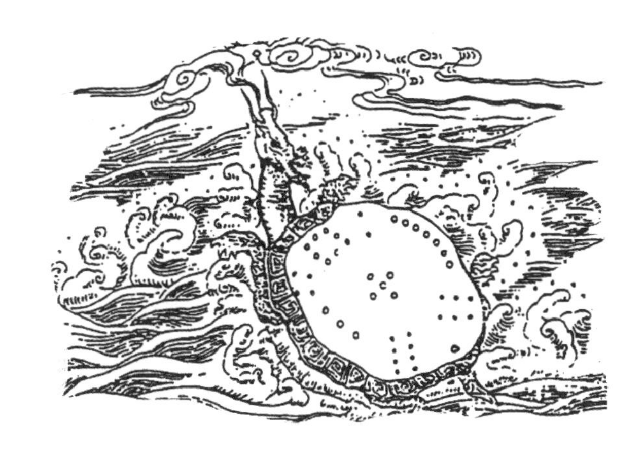

4 巽	南 9 乾	2 坤
東 3 震	5	西 7 兌
艮 8	北 1 坎	乾 6

【문왕후천팔괘文王後天八卦】

2. 육효(六爻)란 무엇인가?

육효(六爻)란? 음(陰)(- -)의 부호와 양(陽)(—) 부호를 '효(爻)'라 하며, 1개의 효가 합쳐 3개를 이루면 이것을 소성괘(小成卦)라 하고, 소성괘 2개가 상하로 합쳐 만든 것을 대성괘(大成卦)라 한다. 괘가 완성되면 괘(卦)의 비신(飛神), 육수(六獸), 공망(空亡)을 찾고 세효(世爻), 응효(應爻), 왕상휴수사(旺相休囚死)등을 붙여서 궁금증에 대해 구체적으로 원하는 답변을 얻을 수 있다. 반면에 주역은 64괘 384효로 점치는 사람이 괘를 뽑은 후, 풀이를 찾아 읽으면 되는 것이라 적극적인 조언을 듣기가 힘들다

6개로 구성된 대성괘는 아래로부터 초효, 2효, 3효를 내괘(內卦)라 하고 4효,5효, 6효를 외괘(外卦)라 한다. 또, 양효가 음효로, 음효가 양효 변한 것을 동효(動爻)를 변효(變爻)라 하고, 변하기 전의 괘를 본괘(本卦)라며, 변한 괘를 변괘(變卦)라 한다.

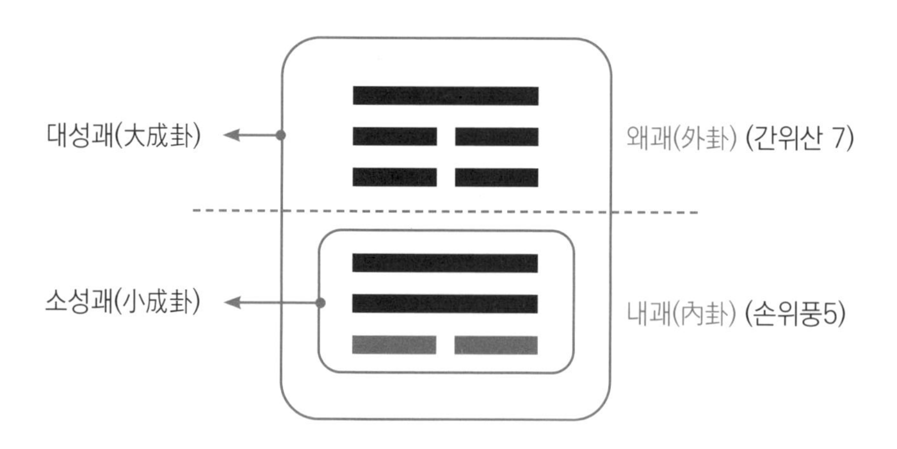

- 효는 밑에서부터 위로 오라 가고.
- 괘는 위에서 아래로 읽는다 → 75 산풍고 山風蠱

1) 효(爻)의 의미

각 효는 의미를 갖는데 아래와 같다.

	初爻	2爻	3爻	4爻	5爻	6爻
집	기초 택지 우물	집 부엌	화장실 중문	마루 대문	마당 현관	종묘宗廟 대들보
인체	발 항문 음부	다리 정강이	허리 대장 소장	배 옆구리	가슴 손 목 간肝	머리 귀 눈 입 코
사람	남편	부인	형제	처가妻家	자손子孫	조상祖上
국가 구성원	서민	직장인	구의원	장 차관 시장	도지사 국회위원	대통령
도시	읍	면	시	광역시	도	서울
회사	사원	대리	과장	부장	임원	대표이사
이동	이사 신규사업	증축 개축	이직移職 전직轉職	이동수	가출 여행	천재지변 이장移葬
장소	묘지	창고	집	임야	문 밖	논 밭

2) 육효점(六爻占)을 칠 때 주의 사항

첫째 의문이 생길 때만 점을 친다.

역경(易經)의 대원칙이다. 조상님 들은 궁금하면 점을 치고, 궁금하지 않으면 점을 치지 않는다.

둘째 하루가 교차하는 밤 자시(子時_11시~1시)에는 괘를 뽑지 않는다

천치가 혼돈되고, 사람의 기(氣)도 지쳐 있기 때문이다.

셋째 하나의 사안에 대해 한번만 점을 친다.

괘가 나쁘다고, 좋은 괘가 나올 때까지 반복해서 괘를 뽑지 않는다.

넷째 점보는 당일 부정 한 짓을 하지 않는다.

점치는 사람, 점보는 사람 모두 부정한 짓을 하지 않고 신변을 깨끗하게 유지한다.

다섯째 축원문을 올린다.

3개의 향을 피우고 신(神)게 예를 올린 후(3배) 정신을 가다듬고, 마음이 평정이 되면 아래와 같이 축원문을 읽어 내려 간다.

> "소생 ○○○은 정성 된 마음으로 복희씨, 문왕, 주공, 공자님과 사당의 여러 신명들에게 공경히 청합니다. 소생 ○○○은 결정하지 못한 일이 있어 여러 신명님들에게 공손히 점괘를 청하 오니 응답하여 주십시오."

3) 괘를 얻는 방법과 종류

괘를 얻는 방법에는 산가지를 이용한 시초작괘법(蓍草作卦法)으로 본서법(本筮法), 중서법(中筮法), 약서법(略筮法)이 있고, 동전을 이용한 척전작괘법(擲錢作卦法), 내방한 손님의 시간을 보고 괘를 얻는 시간작괘법(時間作卦法), 얼굴을 기준으로 하는 안면작괘법(顔面作卦法), 이름의 획수기준으로 괘를 얻는 성명(姓名)작괘법이 있다. 그 외 신년운세, 신수점 등을 보는 법이 있으며 각 괘를 얻는 방법은 간략하게 아래와 같고, 자세한 방법은 계속해서 상세히 서명하겠습니다.

본서법(本筮法)은 서죽(筮竹) 50개를 가지고 각 효(爻)를 얻기 위해 3번 똑 같은 방법으로 6회 총 18번을 반복해서 효를 얻는 방법이다.
중서법(中筮法)은 시초법과 같은 방법으로 각 효(爻)에 한번씩 6회 반복한다.
약서법(略筮法)역시 시초법과 같은 방법으로 2번으로 외괘(外卦)를 먼저 얻고 내괘(內卦)를 얻는 방법이다.
척전작괘법(擲錢作卦法)은 동전 3개를 앞, 뒤를 정하고 6번 던져 아래로부터 초효로 정하고 6번 반복한다. 만약, 3개가 똑 같은 면이 나오면 동효(動爻)로 한다.
시간작괘법(時間作卦法)은 점보로 온 손님의 방문한 시간을 기준으로 시(詩)를 외괘, 분(分)을 내괘, 초(初)를 동효로 괘를 얻는 방법이다.
안면작괘법(顔面作卦法)은 얼굴 첫 인상 중 재일 먼저 눈 띄는 곳을 외괘(外卦) 두번째를 내괘(內卦)애 시간을 더해 괘를 얻는 방법이다.
성명작괘법(姓名作卦法)은 성씨+이름을 외격, 이름 2자를 내격, 이름 3자+이름 2자에 나누기 6을하여 동효로 정하고 괘를 얻는 방법이다.

그 외 신년운세, 신수점, 구직점, 혼인점, 가택점, 시험점, 매매점등이 있으면 4장 실전 풀이를 통해서 자세알아 보도록 하겠습니다.

3. 시초작괘법

1) 시초법蓍草法

시초(蓍草_쑥대처럼 생긴 국화과 다년생 식물)법에는 역의 "변화의 도"가 있으며, 주역의 수리와 질서가 담겨있다고 하였다.

귀곡자는 말하길 "군자는 시초하고 소인은 척전(擲錢)을 한다."했다. 시초법은 괘를 뽑을 때 시간과 집중력이 필요하고, 척전은 간편하게 괘를 뽑을 수 있다. 군자란 지위가 있어 왕과 친견이 가능한 자라 했으니 진실된 답을 얻고자 한다면 시초할 것이나, 빠르게 답을 얻으려면 척전(擲錢)을 하는 것도 괜찮은 방법이다.

시초법은 주역의 계사전 상편에 나와 있으며, 우선 점을 치기전에 시초 50개 또는 대나무 가지 50개를 만들어야 한다. 이 수는 팔괘가 만들어낸 태극(변화, 씨앗, 결과)의 수이다. 즉, 팔괘 중앙의 5, 10을 의미한다.

본서법本筮法

(1회(3변/번) x 6회 = 18번)

▣ 〈1회-1변〉 서죽 50개로 시작한다.

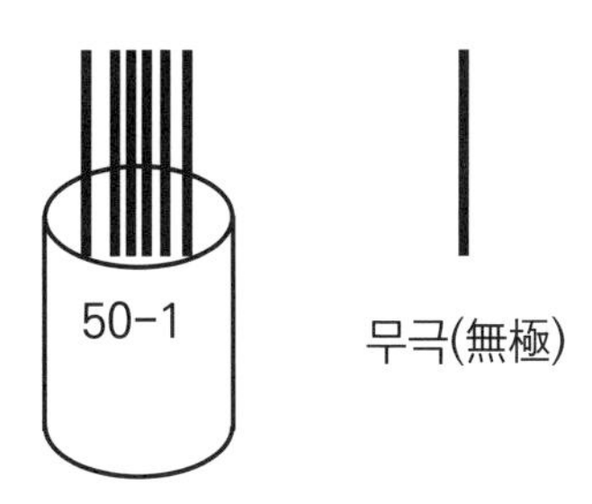

1. 50개 중 1개를 빼 놓는다

※ 처음 시작할 때 무극(1개)는 빼놓는 것은 끝날 때까지 1번만 한다.

대연수(大衍數) 50가지 변화 중(中) 중(重)하여 어느 것에도 흔들리지 않는 무극으로 1개를 뽑아 책상 한 곳에 놓는다.

(좌) 25개

(우) 24개

2. 49개를 두 손으로 임으로 양쪽으로 나눈다.

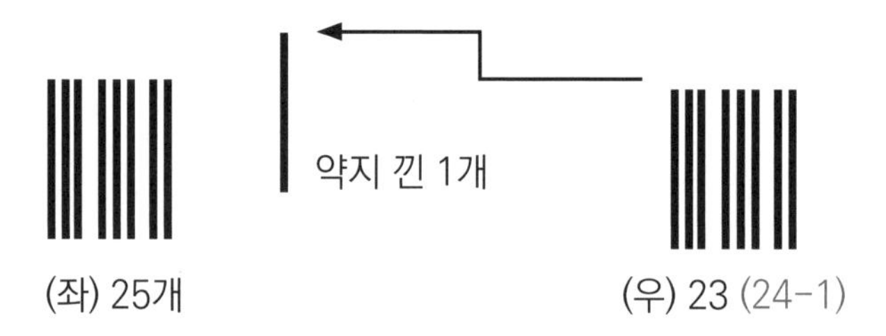

3. 우측 손에서 1개를 뽑아 좌측 손 약지에 낀다.

4. 4개씩 뺀 나머지를 수를 값으로 한다

▶ 왼손 약지에 낀 1개는 독립적으로 1개로 본다.

1+ | + 3 = 5

5. 좌(왼손) 1+ 약지에 낀 1개 + 우(오른손) 3개를 합한다 (답 5)

▶ 4개씩 뺀(나누기) 다음 나머지가 없으면 4이다.

1회 답은 반듯이 5또는 9가 나와야 한다

▣ 〈1회-2변〉 서죽 44개로 시작한다.

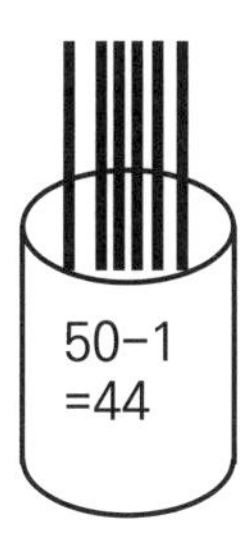

1. 〈1회 -1변〉에서 5개를 뺀 나머지를 44개 가지로 처음부터 똑 같은 방법으로 다시 시작한다.

(좌) 22개

(우) 22개

2. 44개를 두 손으로 임으로 양쪽으로 나눈다.

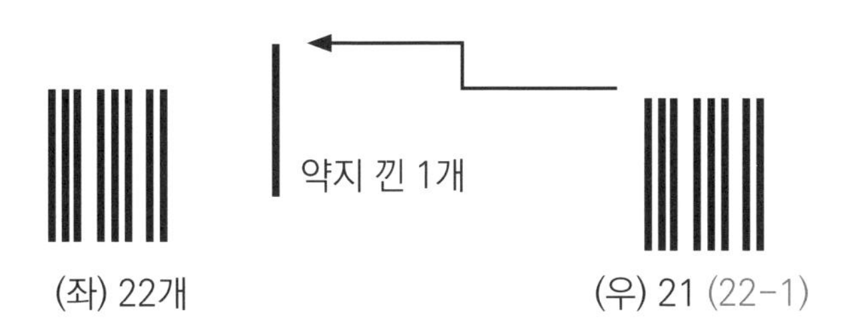

3. 우측 손에서 1개를 뽑아 좌측 손 약지에 낀다.

(좌) 22÷4= 2개(나머지)

(우) 21개

(우) 21÷4= 1개(나머지)

4. 4개씩 뺀 나머지를 수를 값으로 한다.

2+ | + 1 = 4

5. 좌(왼손) 2+ 약지에 낀 1개 + 우(오른손) 1개를 합한다 (답 4)

▶ 4개씩 뺀(나누기) 다음 나머지가 없으면 4이다.

2회 답은 4또는 8이 나와야 한다.

▣ 〈1회-3변〉 서죽 40개로 시작한다.

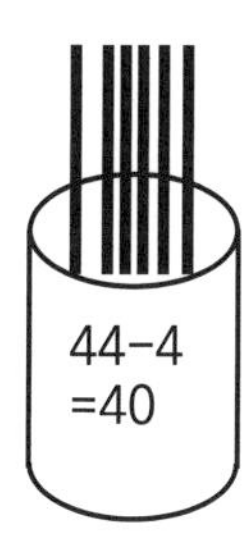

1. 1회 - 1, 2변에서 5개, 4개를 뺀 나머지 40개 가지 처음부터 똑 같은 방법으로 다시 시작한다.

(좌) 20개

(우) 20개

2. 40개를 임으로 양쪽 두 손으로 나눈다.

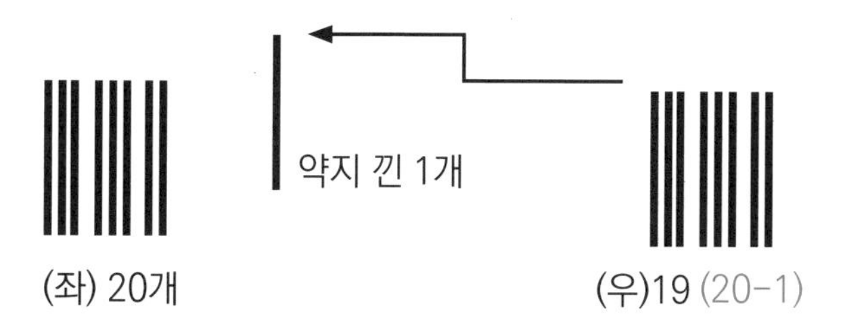

3. 우측 손에서 1개를 뽑아 좌측 손 약지에 낀다.

(좌) 20개 (우) 19개

(좌) 20÷4= 0개(나머지) → 4 (우) 19÷4= 3개(나머지)

4. 4개씩 뺀 나머지를 수를 값으로 한다.

4+ + 3 = 8

5. 좌(왼손) 4+ 약지에 낀 1개 + 우(오른손) 3개를 합한다 (답 8)

▶ 4개씩 뺀(나누기) 다음 나머지가 없으면 4이다.

▣ 본서법에서 효爻를 만드는 법

1회의 1변, 2변, 3변의 값을 더한 후 49에서 뺀 값에서 4로 나누면 초효初爻 값이다.
2회 역시 똑같은 방법으로 3회를 실시하면 2효二爻가 된다.
3회, 4회, 5회, 6회 역시 또 같은 방법으로 실시하여 6효六爻를 완성한다.
▶ 1회(3번) x 6회 = 18번

▣ 초효初爻 계산법

첫째 ▶ 1회 3번 작괘한 숫자를 모두 더한다

5 + 4 + 8 = 17

1회 - 1변 = 5

1회 - 2변 = 4

1회 - 3변 = 8

둘째 ▶ 모두 더한 숫자 합(17)을 49(개 서죽)에서 뺀다

49 - 17 = 32

셋째 ▶ 계산한 숫자를 4로 나눈다

32 ÷ 4 =8

답 8 (초효 값)

▣ 본서법 효(爻) 계산 법

1개의 효는 3마디로 이루어져 있고

즉 8마디는 ②에 해당하고 초효가 된다.

▶ 작괘를 할 때는 건(乾) 곤(坤) 감(坎) 리(離) 4가지의 경우로 계산한다.

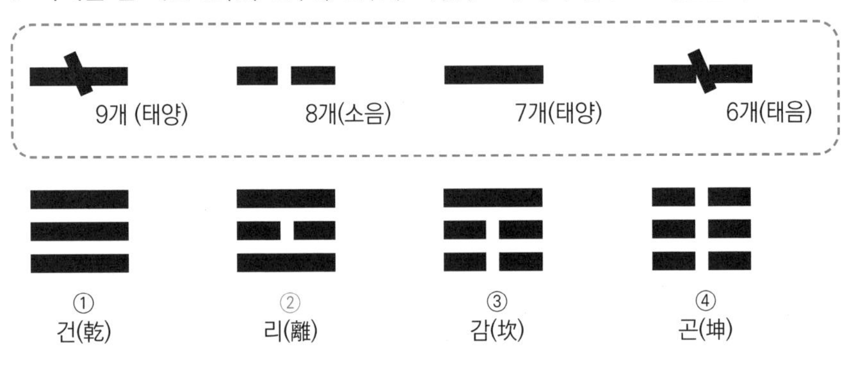

▣ 효(爻)를 구성하는 방법

- 효는 밑에서부터 위로 올라 간다.
- 괘는 위에서 아래로 읽는다 75 산풍고 山風蠱

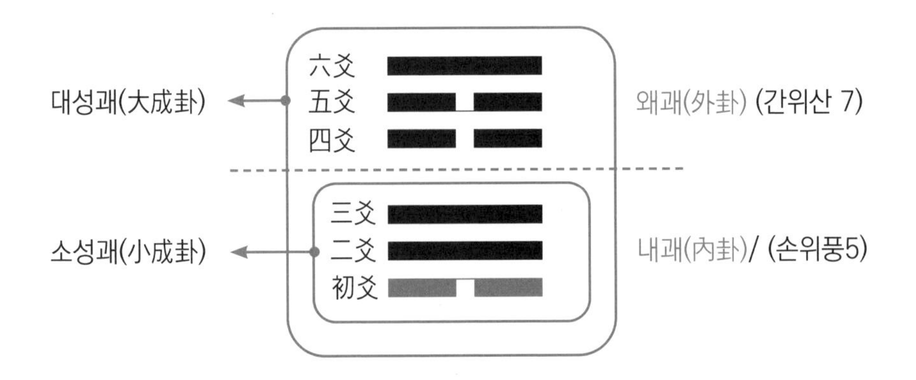

중서법中筮法

(6회)

▣ 서죽 50개로 시작한다.

〈1회 - 초효〉

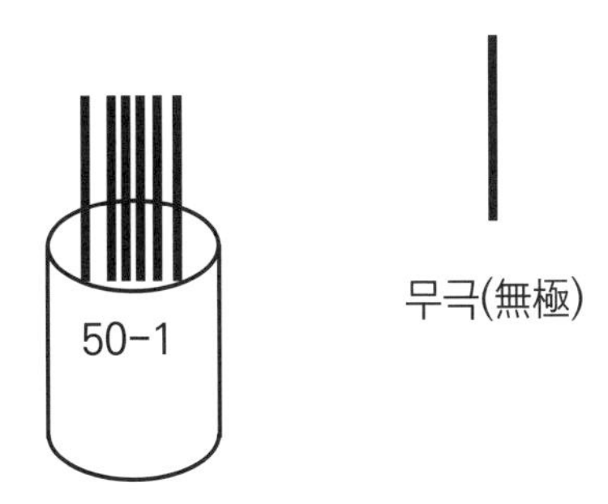

1. 50개 중 1개를 빼 놓는다.(1개 무극)
   ▶ 처음 시작할 때 무극(1개)는 빼놓는 것은 끝날 때까지 1번만 한다.

2. 49개를 두 손으로 임으로 양쪽으로 나눈다.

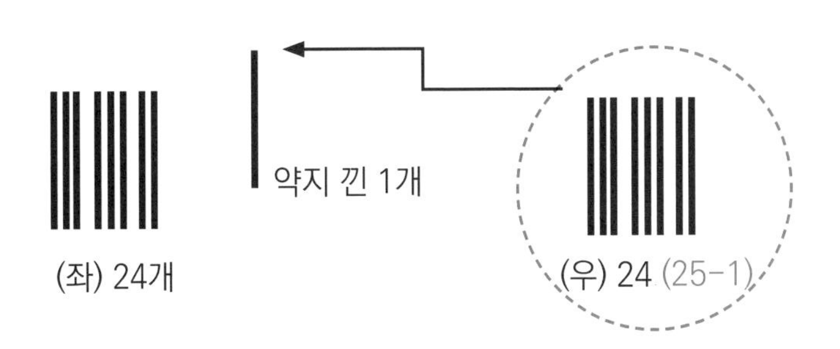

3. 우측 손에서 1개를 뽑아 좌측 손 약지에 낀우고 우측 서죽은 버린다.

4. 좌측 손에 있는 24와 약지 1개를 더한 후 8로 나눈다.

24+1 = 25

25 ÷ 8 = 1

〈2회〉 49개로 시작

1. 49개를 두 손으로 임으로 양쪽으로 나눈다.

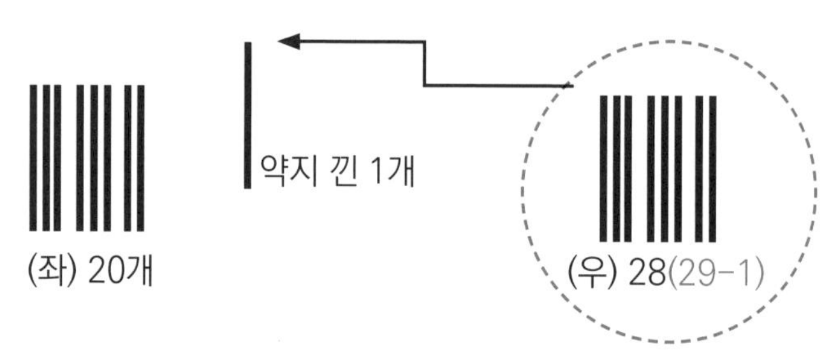

2. 우측 손에서 1개를 뽑아 좌측 손 약지에 끼우고 우측(오른 손) 서죽을 버린다.

3. 좌측 손에 있는20와 약지 1개를 더한 후 8로 나눈다

20+1 = 21

21 ÷ 8 = 5

〈3회〉 49개로 시작 → 7

〈4회〉 49개로 시작 → 6

〈5회〉 49개로 시작 → 3

〈6회〉 49개로 시작 → 5

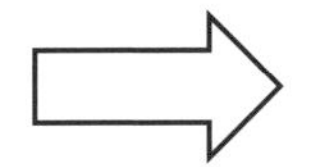

43뢰화풍 雷火風

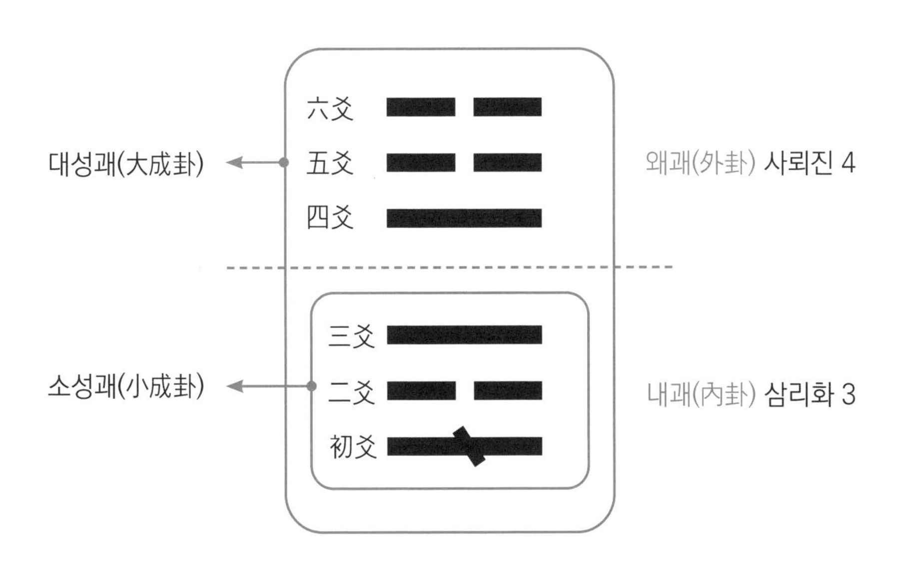

43뢰화풍 雷火風

▣ 중서법 효(爻) 계산법

43뢰화풍 雷火風

초효 : 1 → 일건천 → 양
2효 : 5 → 손오풍 → 음
3효 : 7 → 칠간산 → 양
4호 : 6 → 육감수 → 양
5효 : 3 → 삼이화 → 음
6효 : 5 → 손오풍 → 음

▣ 음양으로 구분

1 (일건천)	5(오손풍)	7(칠간산)	6(육감수)	3(삼이화)	5(오손풍)	
初爻	二爻	三爻	四爻	五爻	六爻	
						음양구분
양	음	양	양	음	음	

▣ 팔괘로 구분

陽	陰	陰	陽	陰	陽	陽	陰
1일건천	2이태택	3삼이화	4사진뢰	5오손풍	6육감수	7칠간산	8팔곤지

약서법略筮法

(3회 - 1회 外(상)卦, 2회 內(하)卦, 3회 동효動爻)

〈1회 - 외괘外卦〉

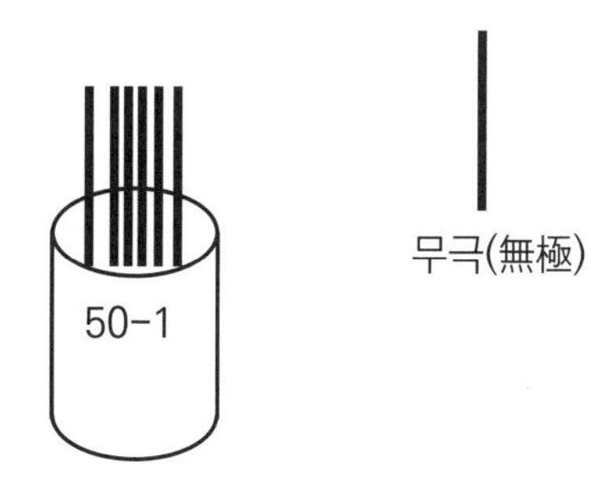

1.50개 중 1개를 빼 놓는다.(1개 무극)

▶ 처음 시작할 때 무극(1개)는 빼놓는 것은 끝날 때까지 1번만 한다.

(좌) 25개

(우) 24개

2. 49개를 두 손으로 임으로 양쪽으로 나눈다.

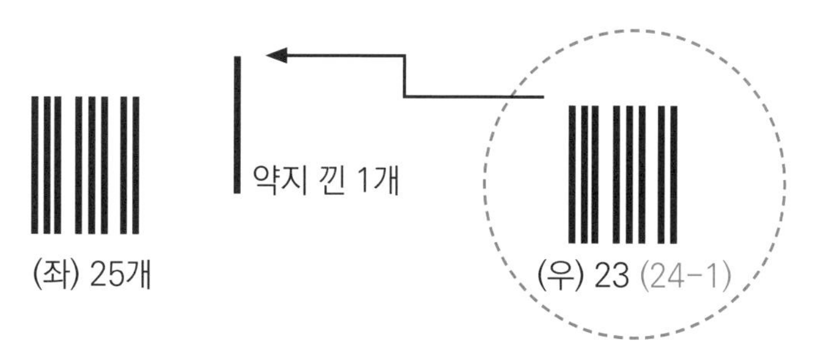

3. 우측 손에서 1개를 뽑아 좌측 손 약지에 낀우고 우측 서죽은 버린다.

(좌) 25개

25+1 = 26

26 ÷ 8 = 2

4. 좌측 손에 있는 25개와 약지 1개를 더한 후 8로 나눈다.

5. 외괘外卦는 2 이태택二兌澤이 된다.

〈2회 - 내괘內卦〉

1. 같은 방법으로 실시하여
   첫 번째 왼손22개 오른손 27개로 나누었다고 하자
   두 번째 오른손에 있는 1개를 왼손 약지에 끼워 주고 오른손(26개)를 버린다.
   세 번째 왼손의22개 더하기 약지1개는 23개가 된다 23나누기 8을 하면 나머지가 7이 되고 내괘(內卦)는 7 칠간산七艮山이 된다.

〈3회 - 동효動爻〉

1. 같은 방법으로 실시하여 3이 나왔을 경우 초효에서 3번째가 동효가 된다. 동효 표시는 효에 사선을 긋는다.

▣ 괘완성

• 괘는 위에서 아래로 읽는다. 27 택산함 澤山咸

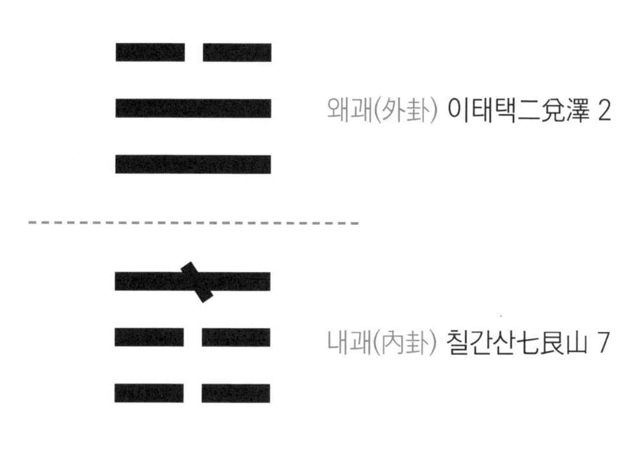

27 택산함 澤山咸

4. 척전擲錢 작괘법

엽전 또는 동전 3개 준비한 뒤 어느 한쪽면을 앞으로 나머지 한쪽면을 뒤로 정한다.

동전을 던져서 3개중 앞면이 2개가 나오면 양(陽)으로 하고, 3개중 뒷면이 2개가 나오면 음(陰)으로 한다. 3개가 똑 같은 면이 나오면 동효가 된다. 이렇게 6번 던져 아래로부터 초효, 2효 3효, 4효, 5효, 6효로 괘를 만들면 된다.

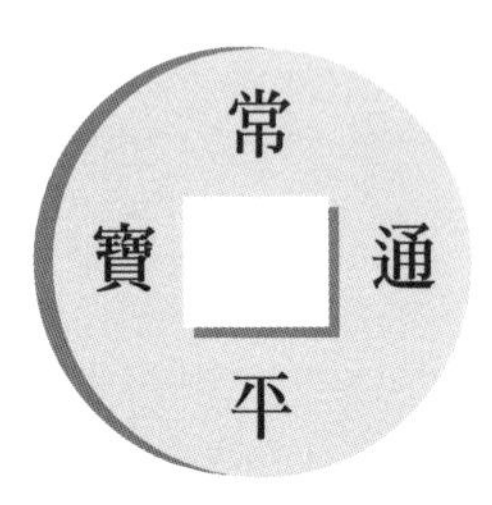

1) 작괘법

① 동전을 던져 괘상卦象을 뽑는다.

▶ 괘를 읽는 법

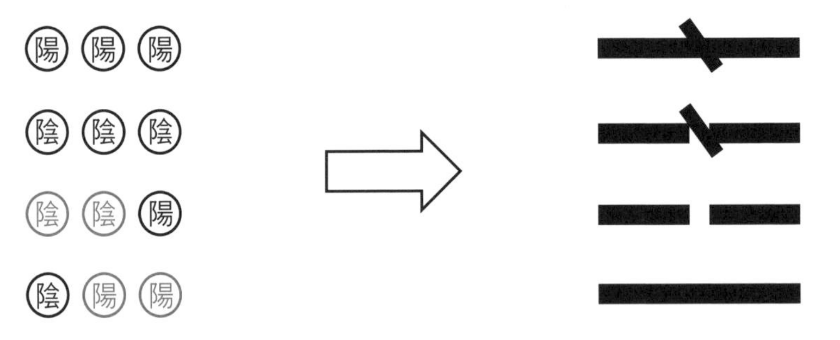

※ 같은 모양이 3개가 동시에 나오면 동효가 된다.

【예시】

① 6번 동전을 던진다.

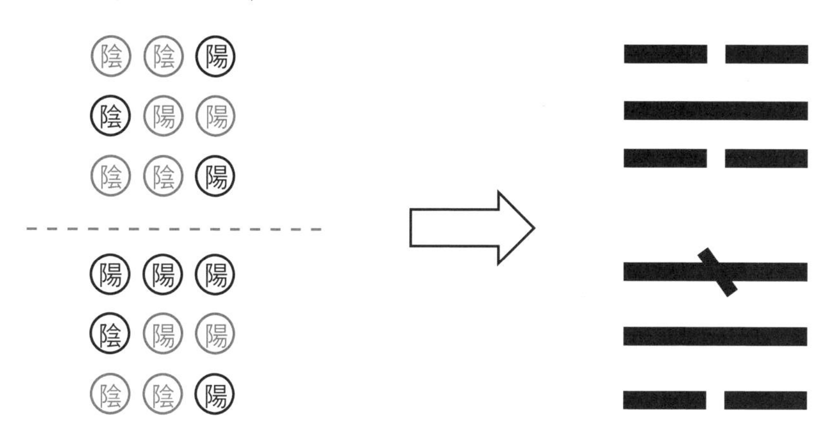

② 괘의 이름을 적는다.

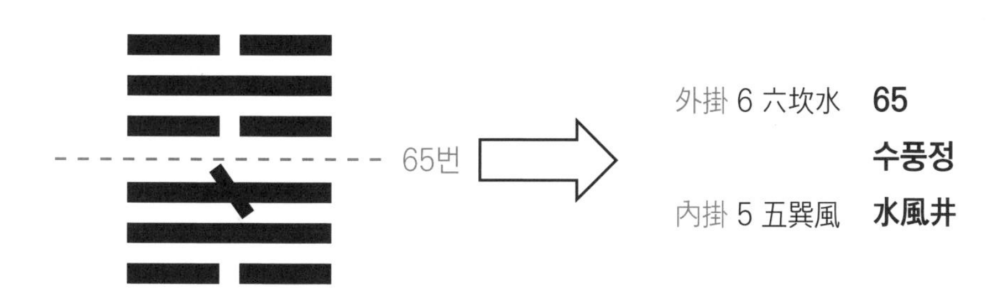

5. 시계時計 작괘법

점 보러 온 손님의 목적을 시간을 기준으로 점을 치는 것으로 일명 내방점(來訪占) 이라고 하며, 고객이 점집을 찾아온 시간, 또는 전화상담을 위해 전화가 걸려온 시간을 기준으로 괘를 뽑는 방법이다.

【예시】 오후 19시 21분 50초 손님이 문을 열고 들어왔다.

점을 보러 온 손님이 찾아온 시간, (통화)한 시간을 적는다

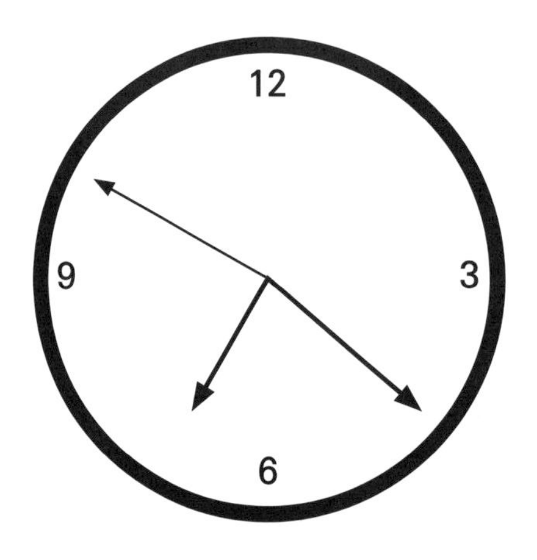

① 외괘 찾는 법 ▶ 시時를 8로 나눈 나머지

19 ÷ 8 = 3

② 내괘 찾는 법 ▶ 분分을 3으로 나눈 나머지

21 ÷ 8 = 5

③ 동효를 찾는 법 ▶ 초를 6으로 나눈 나머지

50 ÷ 6 = 2 → 아래서 2번째가 동효가 된다.

※ 초를 놓쳤을 경우 ▶ 시 + 분 ÷ 6 한다

▶ 19시+21분 = 40

= 40 ÷ 6 = 4

④ 괘의 이름을 적는다.

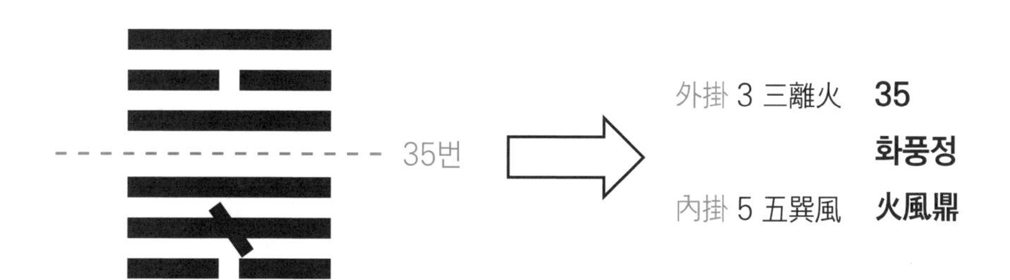

6. 안면顔面 작괘법

손님 또는 점을 볼 사람의 얼굴을 봤을 때 먼저 눈에 들어오는 순서를 가지고 점을 치는 방법이다.

1) 작괘법

외괘: 얼굴을 봤을 때 제일 먼저 눈에 들어오는 곳.

내괘: 두 번째 눈에 들어오는 곳.

동효: 만날 때 시간을 더하여 6으로 나눈 나머지 수가 동효가 된다.

1. 乾 ▶ 이마
2. 兌 ▶ 입
3. 離 ▶ 눈
4. 震 ▶ 턱
5. 巽 ▶ 머리
6. 坎 ▶ 귀
7. 艮 ▶ 코
8. 坤 ▶ 볼

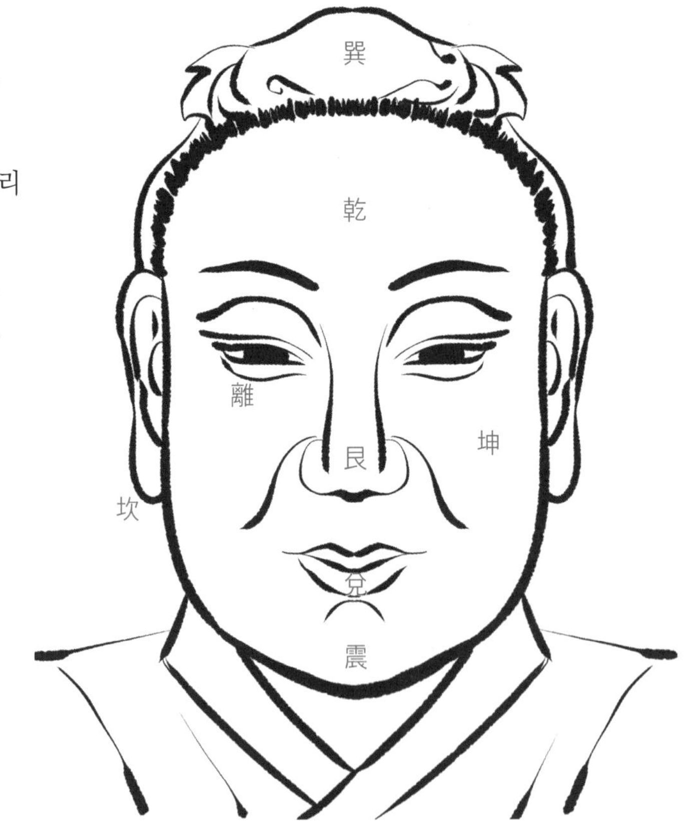

【예시】

① 처음 눈에 띈 곳이 코이면 외괘 7 간산艮山이 되고

② 두번째 눈에 띈 곳이 귀이면 내괘 6감수坎水 가 된다.

③ 동효는 코6+ 귀7 + 만난시간 사시(巳時)6을 더하고 나누기 6을 한다

(7+6+6) ÷ 6 = 몫3 나머지1 ▶ 동효는 초효가 된다.

※ 나머지가 0일 때는 동효는 6이다.

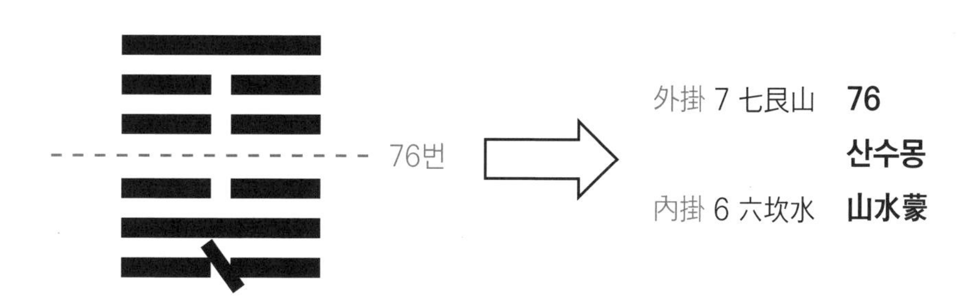

▣ 시간 수

子	丑	寅	卯	辰	巳	午	未	申	酉	戌	亥
1	2	3	4	5	6	7	8	9	10	11	12

7. 성명姓名 작괘법

이름의 성씨, 이름을 가지고 괘를 만들어 점을 치는 방법이다.

1) 작괘법

외괘: 정격(貞格) = 성씨+ 이름(2자, 외자)더한 수를 8로 나누어 나머지를 상괘로 정한다.

내괘: 원격(元格) = 이름(2자, 외자)더한 수를 8로 나누어 나머지를 하괘로 정한다.

동효: 정격 + 원격을 더한 수에 6을 나누어 나마지를 동효로 한다.

※ 나머지가 ○이면 동효는 6이된다.

【예시】

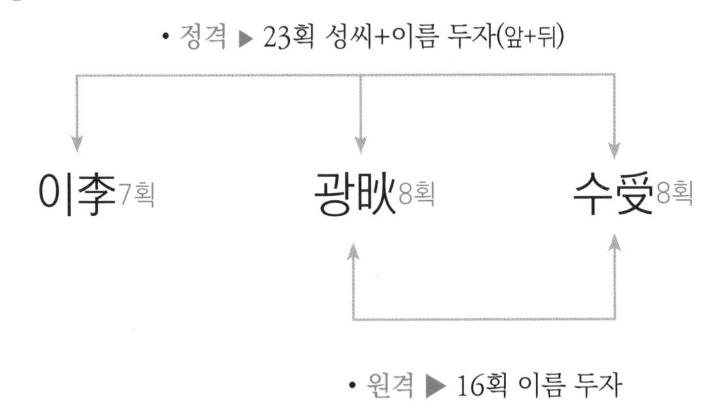

① 왜괘를 찾는 법 ▶ 성씨+ 이름(2자, 외자)

이李7획 + 광8획 + 수受8획 = 23획

23 ÷ 8 = 7

② 내괘를 찾는 법 ▶ 원격(元格)

광8획 + 수受8획 = 16획

16 ÷ 8 = O → 6

③ 동효를 찾는 법 ▶ 정격(貞格) + 원격(元格)

(23획 + 16획) ÷ 6 = 3

8. 신년운세新年運勢

해마다 찾아오는 신년운세를 자신의 사주를 대입해서 운세(運勢)보는 방법이다.

【예시】

1965년 8월 12일 生 - 2030년 운세.

① 년주는 운세 보는 해의 년의 간지를 적는다.

② 월주는 태어난 년의 간지를 적는다.

③ 일주는 태어난 월의 간지를 적는다.

④ 시주는 태어난 일의 간지를 적는다.

▶ 2030년 만세력을 기준으로 작성한다.

천간, 지지에 맞는 선천수를 적는다.

1) 작괘법

외괘: 천간天干의 선천수를 더한 후 8로 나눈 나머지가 상괘가 된다.

내괘: 지지地支의 선천수를 더한 후 8로 나눈 나머지가 하괘가 된다.

동효: 천간天干의 선천수의 합과 지지地支의 선천수의 합을 더한 후 6으로 나눈 나머지가 동효가 된다.

선천수(先天數)

干支 간지	先天數 선천수
甲己 子午	9
乙庚 丑未	8
丙辛 寅申	7
丁壬 卯酉	6
戊癸 辰戌 巳亥	5

① 왜괘 ▶ (9+9+8+8) ÷ 8 = 2

시	일	월	년
		1965년	2030년
태어난 日	태어난 月	태어난 年	운세보는 年
甲	甲	乙	庚
9	9	8	8
子	申	巳	戌
9	7	5	5

② 내괘 ▶ (9+7+5+5) ÷ 8 = 2

③ 동효 ▶ 34 + 26 = 60

60 ÷ 6 = 0 → 동효가 없다.

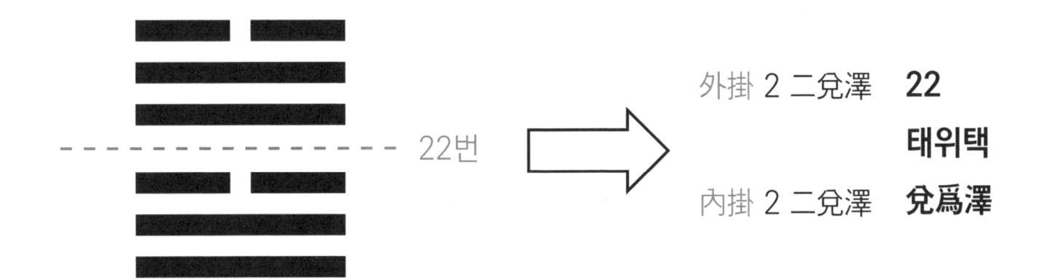

제2장
점서붙이기

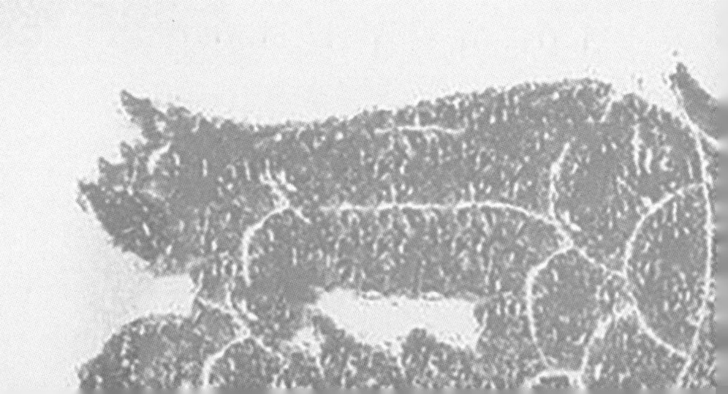

점서(占筮)붙이기

1장 괘를 얻는 방법에서 시초(蓍草)작괘법, 척전(擲錢)작괘법, 시계(時計)작괘법 안면(顔面)작괘법, 성명(姓名)작괘법, 신년운세(新年運勢) 등을 배웠다. 괘를 얻은 원하는 질문에 답을 얻기 위해 순서대로 점사를 붙인 후 비로소 해석이 가능하다.

1. 괘卦를 얻은 후 괘의 이름을 적는다
2. 점보는 날을 기록한다.
   - 일년 운세: 년 월 일 → 사주 기준
   - 동전(목적점): 동전을 던지는 날 기준
3. 비신飛神 붙이기
   - 내괘 찾는법/외괘 찾는법
   - 수장법
   - 갑납표를 보고 찾는 법
   - 64괘 조건표 활용법
4. 육수六獸 붙이기
5. 공망空亡 찾기
6. 육친六親 붙이기
7. 12운성 붙이기
8. 세효世爻, 응효應爻 찾기
9. 왕상휴수사 旺相休囚死 붙이기
10. 동효 찾기
11. 점서 해석

1. 괘卦를 얻은 후 괘의 이름을 적는다

1장에서배운 작괘법 중 척전(擲錢)법을 예시로 하여 단계별로 점사 붙이기를 하겠습니다. 첫번째 동전 3개를 준비한 후 6번 던져 괘를 얻은 후 1장에 있는 육효의 64괘(卦) 조견표(早見表)를 참고하여 괘의 이름을 적는다.

① 6번 동전을 던진다.

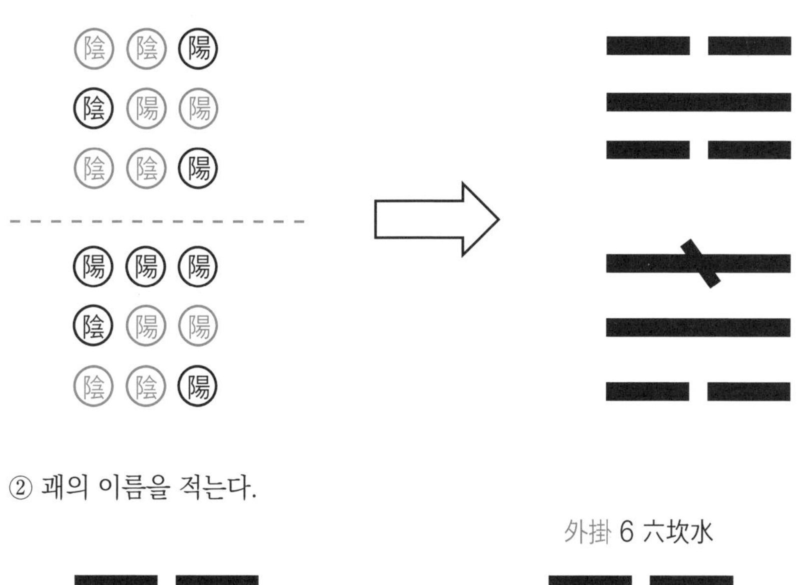

② 괘의 이름을 적는다.

外掛 6 六坎水

65번

65
수풍정
水風井

內掛 5 五巽風

2. 점(占)보는 날을 기록한다.

만약, 점을 보러 온 날이 辛卯년 丁亥월 丙子일이면 괘 우측 상단에 위쪽에 기록해 둔다.

또, 일년운세를 알고 싶다면 1장 신년운세를 보는 법을 참고하면 된다.

【예시】 1965년 8월 12일 生 – 2030년 운세.
① 년주는 운세 보는 해의 년의 간지를 적는다.
② 월주는 태어난 년의 간지를 적는다.
③ 일주는 태어난 월의 간지를 적는다.
④ 시주는 태어난 일의 간지를 적는다.

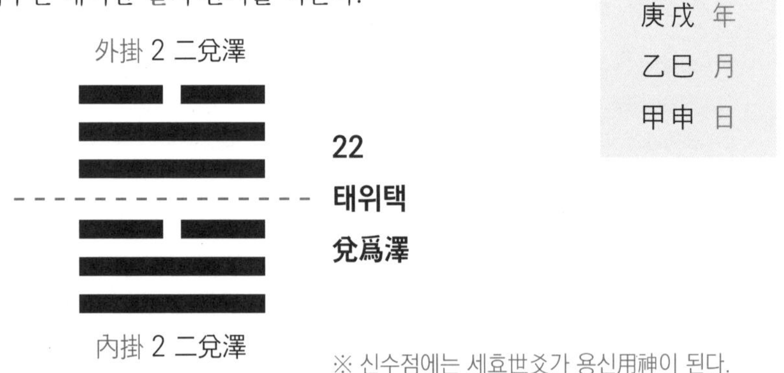

※ 신수점에는 세효世爻가 용신用神이 된다.

3. 비신飛神 붙이는 법

비신을 붙이는 방법은 본궁을 이용해 내괘를 먼저 찾고, 외괘를 찾는 방법과, 갑납표(甲納票)를 보고 쉽게 찾는 방법이 있다.

첫번째 - 본궁을 보고 비신 붙이기
본궁을 이용해 내괘에 먼저 비신을 붙인다.
내괘가 5 五巽風 이므로 五 巽木辛(丑)이 되고, 내괘의 초효는 丑이 된다.

본궁本宮	
一	乾金甲(子)
二	兌金丁(巳)
三	離火己(卯)
四	震木庚(子)
五	巽木辛(丑)
六	坎水戊(寅)
七	艮土丙(辰)
八	坤土乙(未)

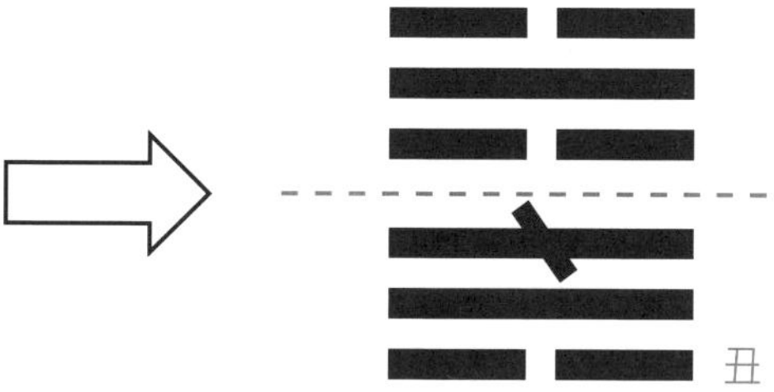

內掛 5 五巽風

두번째 - 음(陰)이면 역행하고, 양(陽)이면 순행한다.

陽	陰	陰	陽	陰	陽	陽	陰
1일건천	2이태택	3삼이화	4사진뢰	5오손풍	6육감수	7칠간산	8팔곤지

내괘의 음양을 확인하고 음(陰)이면 역행하고, 양(陽)이면 순행한다.

내괘가 5오손풍五巽風이므로 陰 역행으로 한간 씩 건너 뛰어 2효, 3효를 붙이면 된다

巳 午 未 申 酉 戌 亥 子 丑 寅 卯 辰

← 역행

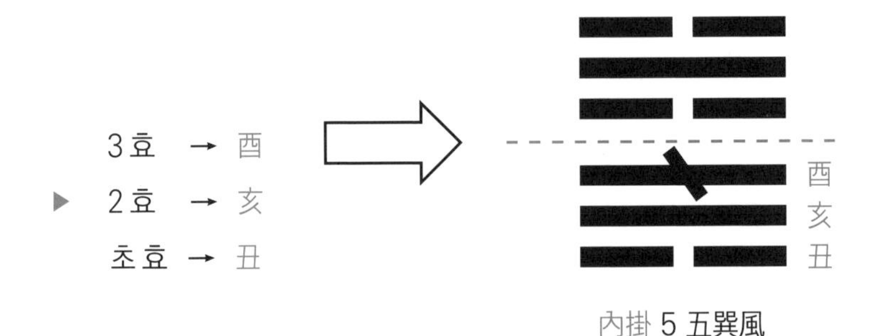

內掛 5 五巽風

세번째 - 본궁을 보고 외괘에 비신 붙이기

외괘가 6 六坎水 이므로 六 坎水戊寅이 되고 외괘의 초효는 寅이 된다

네번째

외괘 6육감수 음양을 확인하면, 양暘이므로 순행한다

六 坎水戊寅→ 寅 외괘의 초효初爻가 된다

초효 →1寅 2효→2辰 3효→3午가 내괘이므로 건너뛰고

외괘가 시작되는 4효→4申 5효→5戊 6효→6子가 된다.

※ 비신을 붙일 때는 한간 씩 건너 뛰어 붙인다.

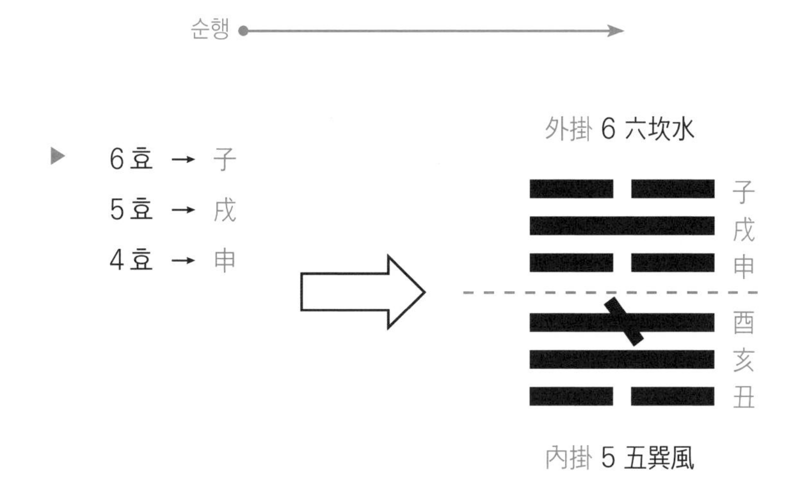

① 수장(手掌)법

고전적 방법으로 명리에서 60갑을 만들 때 사용하는 방법으로 손바닥에 12 지지를 마음속으로 그려 놓고 집어가는 방식이다.

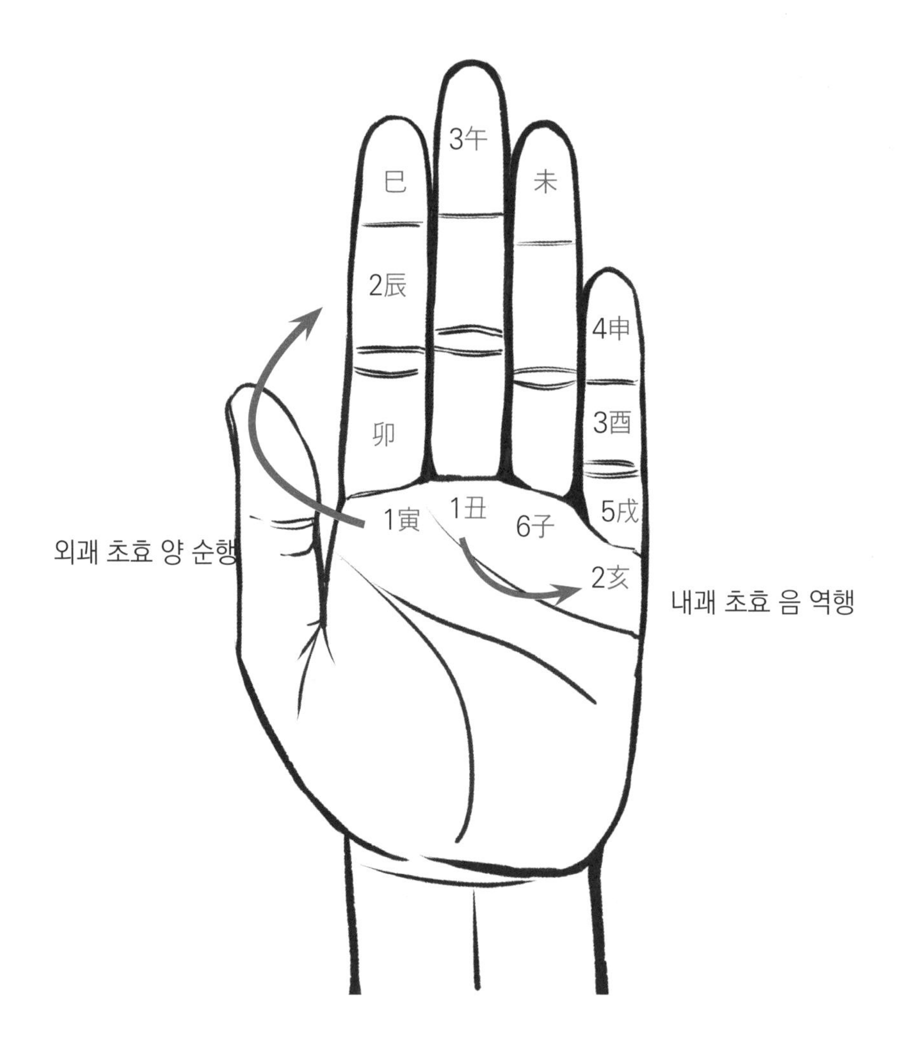

내괘 5이풍 음(陰)이므로 역행하고, 한간 씩 건너 뛰어 2효亥, 3효酉가 된다

외괘 6감수 양(陽)이므로 순행하고 초효, 2효, 3효 지나 한간 씩 건너 뛰면 4효申 5효戌 6효子가 된다.

② 갑납甲納표로 찾는 법

갑납은 최종적으로 본궁으로 찾는 원리, 수장법 등을 이해했다면, 다음부터는 갑납표에서 비신을 찾은 후 해당하는 외괘, 내괘를 옮기면 된다.

☞ ※ 만약, 갑납표가 이해가 어렵다면 1장에서 29page에 있는 육효의 64괘(卦) 조견표(早見表)에 내괘, 외괘을 찾아 붙어있는 비신을 옮기면 된다.

▣ 갑납표甲納票

	乾건	兌태	離이	震진	巽손	坎감	艮간	坤곤	육수六獸	
갑납	金	金	火	木	木	水	土	土		
	甲子	丁巳	己卯	庚子	辛丑	戊寅	丙辰	乙未		
외괘	戌	未	巳	戌	卯	子	寅	酉	壬癸	玄현
	申	酉	未	申	巳	戌	子	亥	庚辛	白백
	午	亥	酉	午	未	申	戌	丑	己	蛇사
내괘	辰	丑	亥	辰	酉	午	申	卯	戊	句구
	寅	卯	丑	寅	亥	辰	午	巳	丙丁	朱주
	子	巳	卯	子	丑	寅	辰	未	甲乙	靑청

③ 64괘 조견표 활용법(29pgae 상수역)

外快 / 內快	①	②	③	④	⑤	⑥	⑦	⑧
	乾 戌 건 天 申 위 ☰ 午 천	兌 未 태 澤 酉 위 ☱ 亥 택	離 巳 이 火 未 위 ☲ 酉 화	震 戌 진 雷 申 위 ☳ 午 뢰	巽 卯 손 風 巳 위 ☴ 未 풍	坎 子 감 水 戌 위 ☵ 申 수	艮 寅 간 山 子 위 ☶ 戌 산	坤 酉 곤 地 亥 위 ☷ 丑 지

↑

⑤ 巽 酉 손 風 亥 위 ☴ 丑 풍	① 乾 ⑤ 金 ☰ ☴ 天 천 風 풍 初 姤 구	② 震 ⑤ 木 ☱ 澤 택 ☴ 風 풍 大 대 四 過 과	③ 離 ⑤ 火 ☲ ☴ 火 화 風 풍 二 鼎 정	④ 震 ⑤ 木 ☳ ☴ 雷 뢰 風 풍 三 恒 항	⑤ 巽 ⑤ 木 ☴ ☴ 巽 손 爲 위 六 風 풍	⑥ 震 ⑤ 木 ☵ ☴ 水 수 風 풍 五 井 정	⑦ 巽 ⑤ 木 ☶ ☴ 山 산 風 풍 三 蠱 고	⑧ 震 ⑤ 木 ☷ ☴ 地 지 風 풍 四 升 승

外掛 6 六坎水

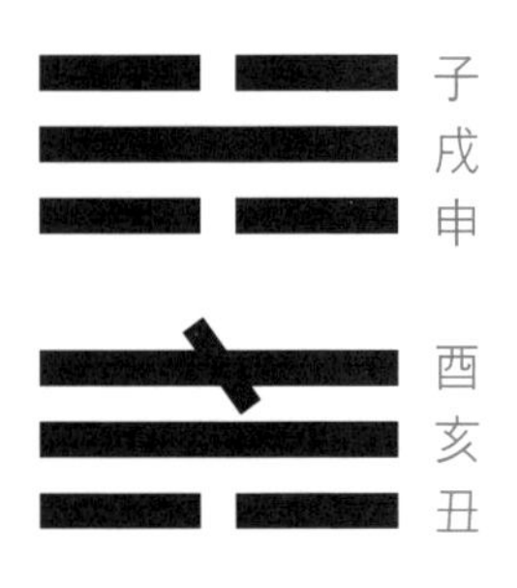

內掛 5 五巽風

4. 육수六獸 붙이기

육수六獸는 6마리의 상상의 동물(수호신)붙이는 것으로 일간日干을 기준으로 찾아서 아래부터 붙어 올라 간다.

▶ 점보는 일이 丙子日 이므로 육수표에서 丙은 주朱가 되며 초효가 되고 2효는句 3효는 蛇, 4효는 白 5효는 玄이 6효는 靑이 된다.

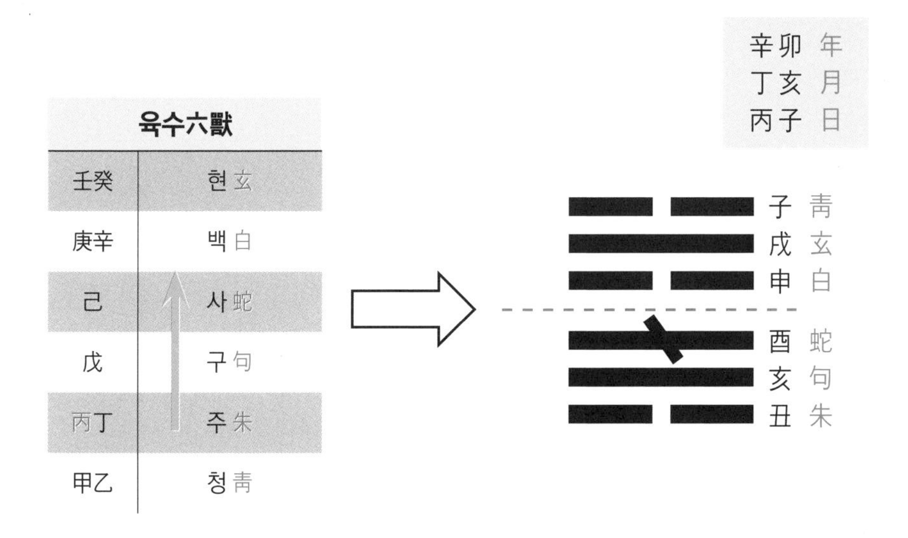

육수六獸	
壬癸	현 玄
庚辛	백 白
己	사 蛇
戊	구 句
丙丁	주 朱
甲乙	청 靑

▣ 육수六獸의 성질性質

구분		오행	성질
청용(靑龍)	甲 乙	木	경사, 환락, 추색, 화려, 사치
주작(朱雀)	丙 丁	火	구설, 수다, 시비, 경박, 기쁨
구진(句陳)	戊	土	주택, 전답, 구속, 감금, 게으름
등사(螣蛇)	己	土	허세, 의심, 거짓, 사기, 경망
백호(白虎)	庚 辛	金	강직, 파괴, 재앙, 성급, 전염
현무(玄武)	壬 癸	水	주색, 죽음, 우환, 손실, 교활

5. 공망空亡 찾기

점占보는 날 일지日支를 기준으로 천간을 음양(陰陽)구분없이 순행으로 표기한다.

일진이 병자(丙子)이므로 자(子)에서 병(丙)천간을 시작하면 계(癸)로 끝난다.
그러면 끝난 첫번째, 두번째 지지地支가 공망空亡이 된다
공망空亡을 찾으면 효爻 옆에 ● 붉은색 점을 찍어 표시한다.

▶ 공망 찾는 법

첫째: 일진이 병자이므로 공망조견표에 해당하는 공망을 찾으면 된다.

둘째: 수장법으로 손바닥에 12지간, 10천간을 마음속으로 그려 놓고 공망을 찾아 가는 방법으로 명리에서 많이 사용한다.

辛卯年
丁亥月
丙子日
申酉空亡

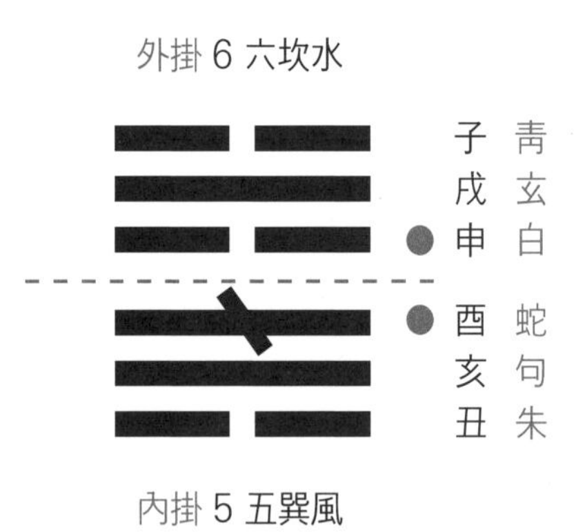

▣ 공망 조견표

甲子	乙丑	丙寅	丁卯	戊辰	己巳	庚午	辛未	壬申	癸酉	戌亥
甲戌	乙亥	丙子	丁丑	戊寅	己卯	庚辰	辛巳	壬午	癸未	申酉
甲申	乙酉	丙戌	丁亥	戊子	己丑	庚寅	辛卯	壬辰	癸巳	午未
甲午	乙未	丙申	丁酉	戊戌	己亥	庚子	辛丑	壬寅	癸卯	辰巳
甲辰	乙巳	丙午	丁未	戊申	己酉	庚戌	辛亥	壬子	癸丑	寅卯
甲寅	乙卯	丙辰	丁巳	戊午	己未	庚申	辛酉	壬戌	癸亥	子丑

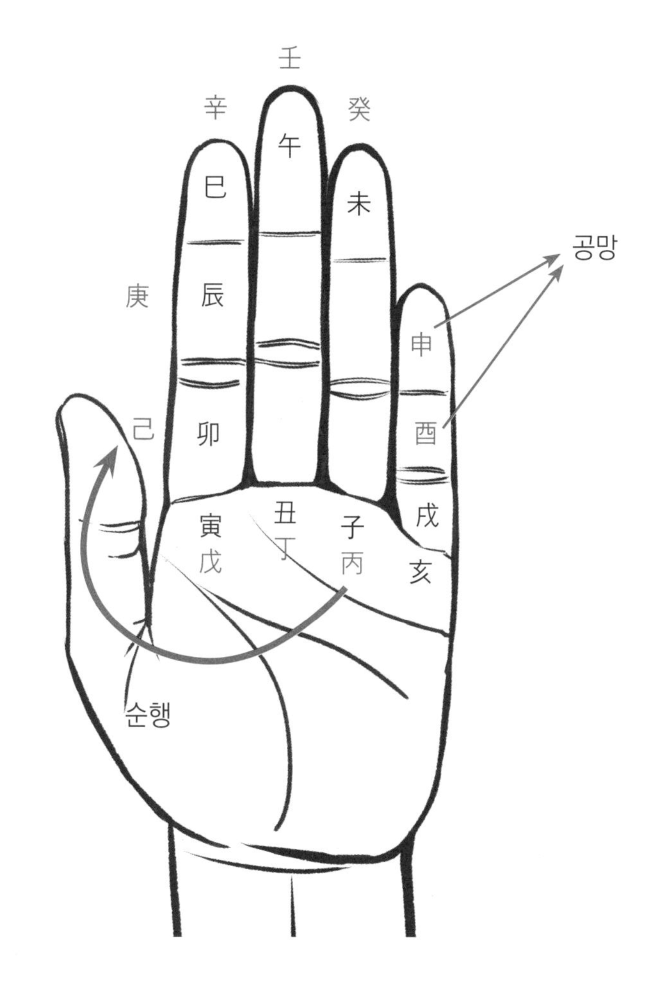

6. 육친六親 붙이기

괘상수가 65 이므로, 1장 육효 표조견표를 찾아보면 보면 65 수풍정水風井 진목震木이다. 이때 진목震木이 내가 되고, 목木을 기준으로 비신(飛神)의 오행에 육친을 붙이면 된다.

【육친 붙이는 원칙】

- 나와 같은 것은 형재兄
- 내가 생生하는 것은 자식孫
- 내가 극剋하는 것은 부인, 재물財
- 나를 극剋하는 것은 남편 관官
- 나를 생生 하는 것은 부모父

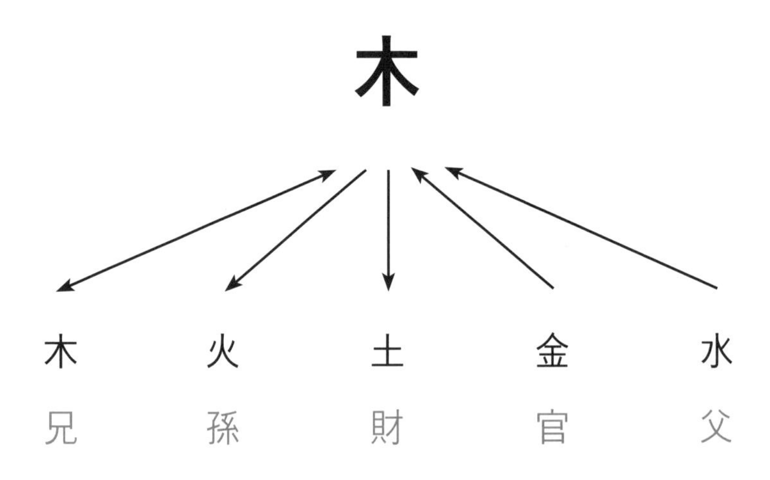

육친 붙이기

- 子는 나를 생生 하므로 父
- 戌은 내가 극剋 하므로 財
- 申은 나를 극剋 하므로 官
- 酉는 나를 극剋 하므로 官
- 亥는 나를 생生 하므로 父
- 丑은 내가 극剋 하므로 財

辛卯年
丁亥月
丙子日
申酉空亡

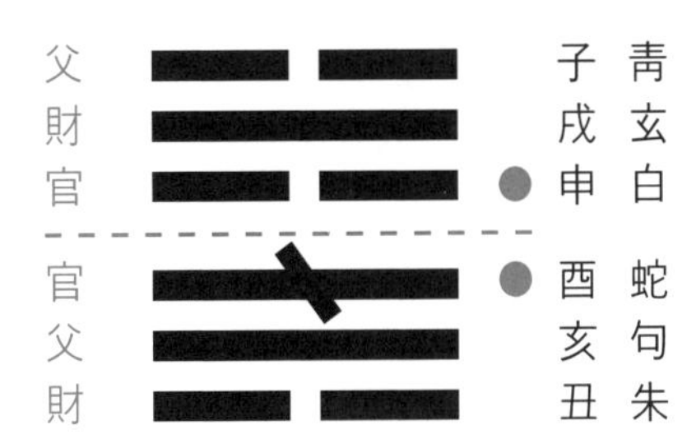

7. 12운성 붙이기

① 점을 보는 날 일지日支를 기준으로 절궁(絶宮)을 찾는다.

② 점을 보는 날이 병자(丙)子 이므로 子에 해당하는 수궁(水宮)이다.

③ 사(巳)를 시작으로 십이 운성을 순서대로 붙인다.

※ 육효에서는 12지의 음양을 구분하지 않고 생왕묘절(生旺墓絶)로 본다.

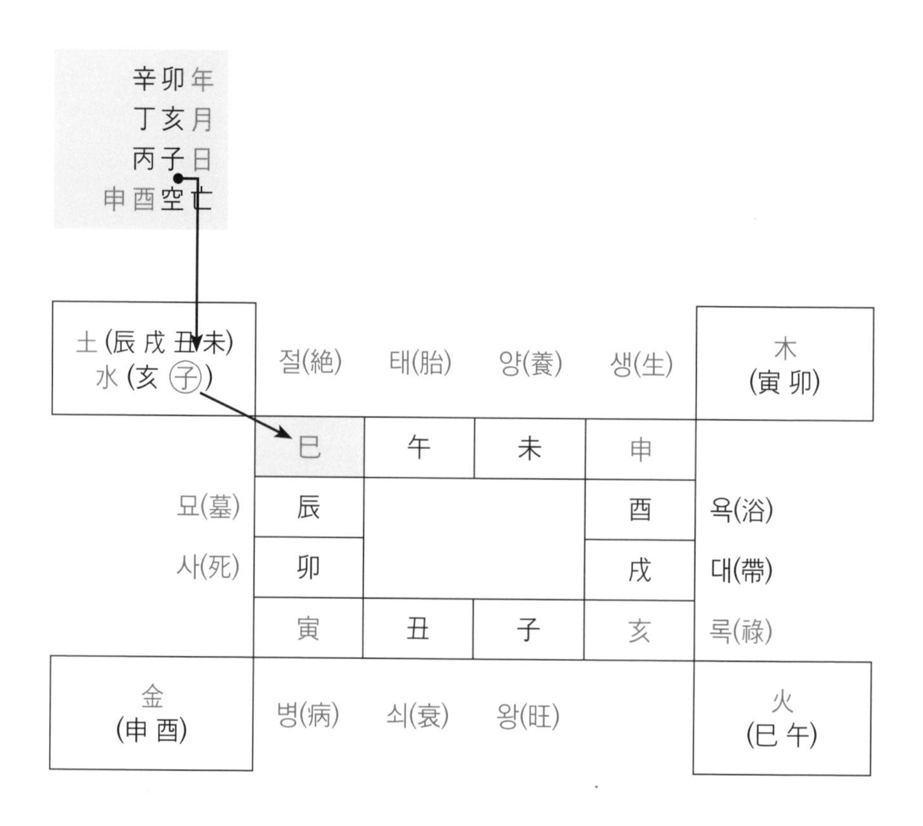

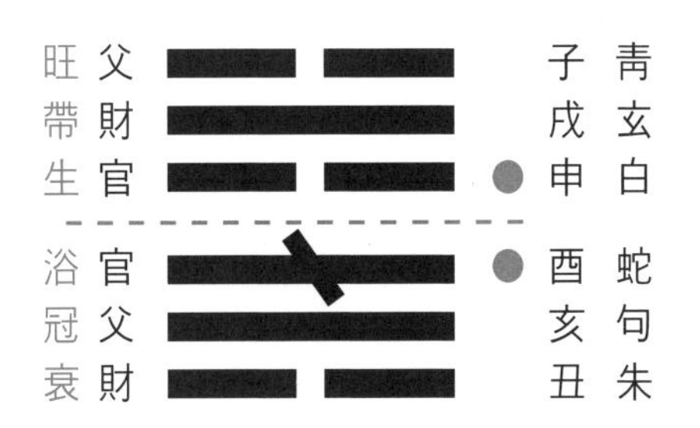

▣ 오행 생왕묘절 - 음양을 구분하지 않는다

	木	火	土	金	水
寅	록	생	생	절	병
卯	왕	욕	욕	태	사
辰	쇠	대	대	양	묘
巳	병	록	록	생	절
午	사	왕	왕	욕	태
未	묘	쇠	쇠	대	양
申	절	병	병	록	생
酉	태	사	사	왕	욕
戌	양	묘	묘	쇠	대
亥	생	절	절	병	록
子	욕	태	태	사	왕
丑	대	양	양	묘	쇠

8. 세효世爻, 응효應爻 붙이기

세효(世爻)란 효에서 자신을 나타내는 효를 말하고, 응효(應爻)는 상대방이나 목적을 나타내는 효를 가리킨다.

우리가 지금까지 점사를 붙인 효는 65번 괘 水風井으로 숫자 5는 초효初爻부터 다섯(帶)번째가 세효(世爻)자리가 되고, 응효應爻는 세효(世爻)를 뺀 3번째(冠) 자리가 응효(應爻)자리가 된다

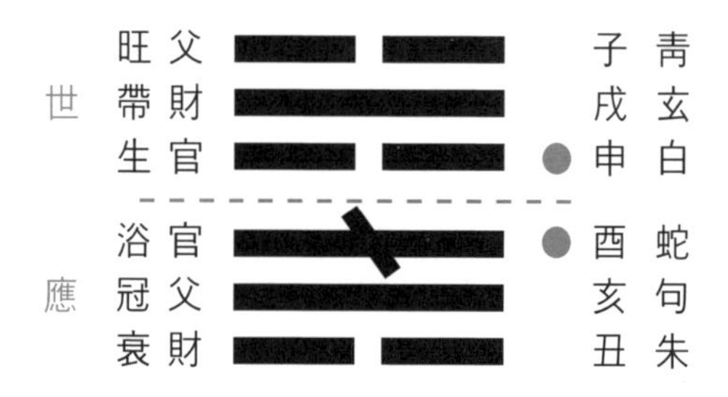

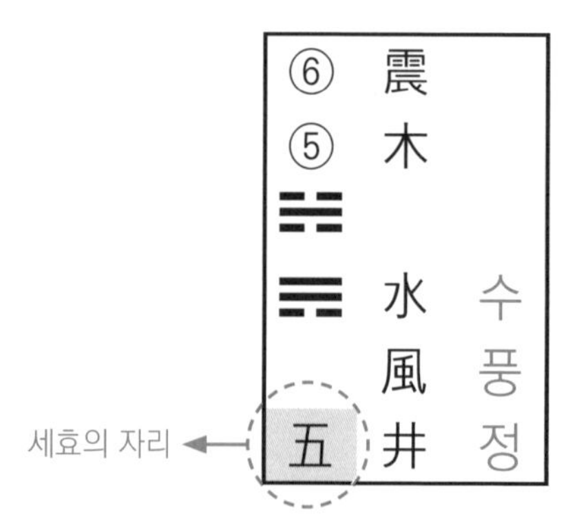

※ 29page 상수역 도표 참조

9. 왕상휴수사 旺相休囚死 붙이기

【원칙】

▶ 월지月支 오행이 비신(我)나를 생生하는가, 극剋하는가를 본다

① 왕旺: 나와 월지月支와 오행五行이 같다.

② 상相: 나를 월지月支가 생生하여 준다

③ 휴休: 내가 월지月支를 생生하여 준다.

④ 수囚: 내가 월지月支를 극剋한다

⑤ 사死: 나를 월지月支가 극剋한다.

【적용】

① 월지(月支): 丁 亥

② 비신(飛神): 子戌申 午亥卯

辛卯年
丁亥月
丙子日
申酉空亡

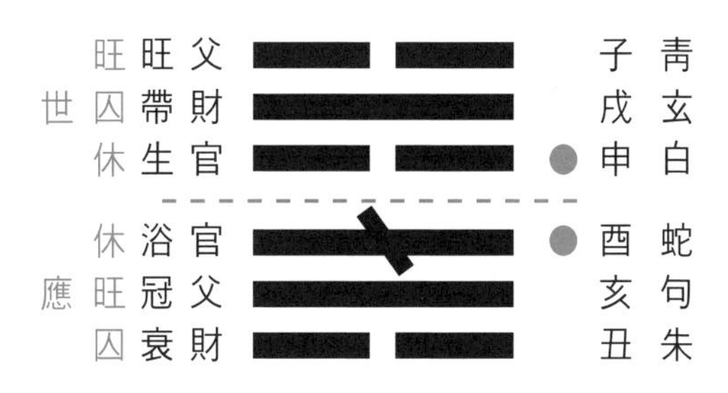

▣ 【예시】 오행과 왕상휴수사 旺相休囚死 적용

月支	我(비신)	五行	生 剋	旺相休囚死
亥水	子	水	同	旺
	戌	土	剋	囚
	申	金	生	休
	酉	金	生	休
	亥	水	同	旺
	丑	土	剋	囚

▣ 오행과 왕상휴수사 旺相休囚死

	寅卯	巳午	辰戌丑未	申酉	亥子
木	旺	休	囚	死	相
火	相	旺	休	囚	死
土	死	相	旺	休	囚
金	囚	死	相	旺	休
水	休	囚	死	相	旺

10. 동효 찾기

① 내괘 오손풍五巽風 → 육감수六坎水로 변해 비신과 육친이 바뀐다.

② 비신 내괘 오손풍五巽風 丑亥酉 → 육감수六坎水 寅辰午으로 변한다.
단, 동효에 해당하는 세 번째 효인 午만 선택하고 寅辰 나머지는 버린다.
결과 내괘는 丑亥午가 된다. ※ 1장 육효의 64괘 조견표 참조

③ 육친六親은 아신我身인 목木이 비신飛神 午(火)를 생生하여주는 것이므로
孫손에 해당하게 되며, 최초의 육친인 관官은 손孫으로 변한다.

【완성】

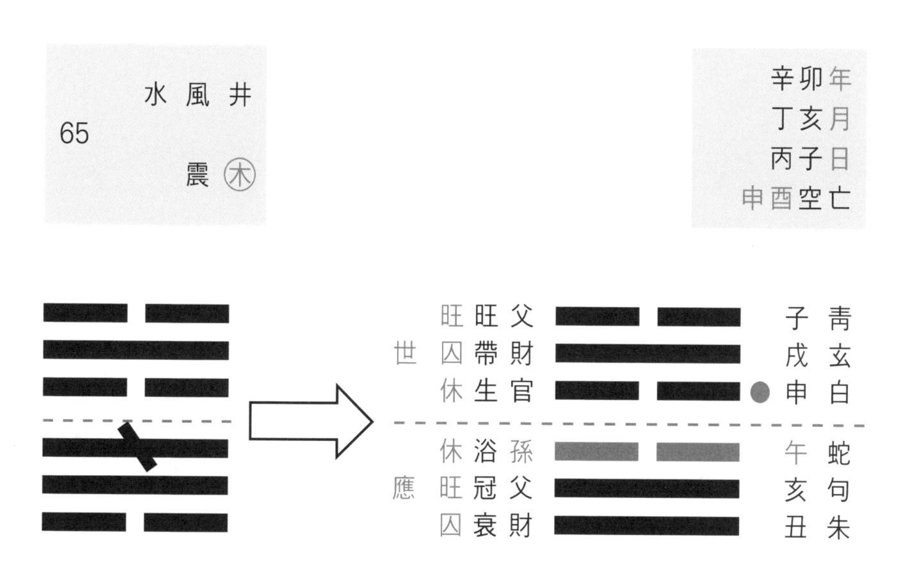

제3장
점서의 해석

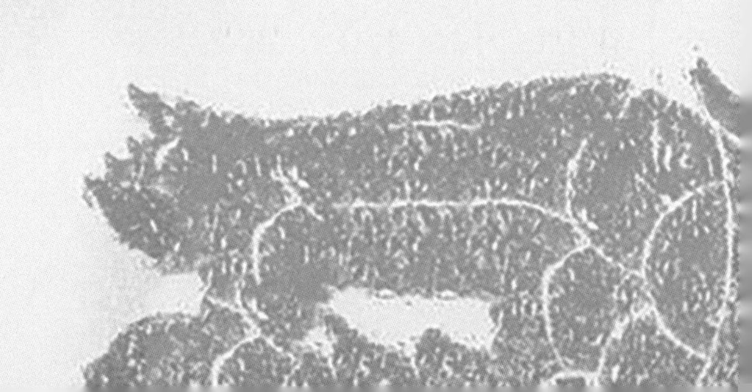

점서해석占筮解釋

1. 육효六爻 구성

내괘 - 초효, 2효, 3효를 내괘內卦(하괘)라 한다

외괘 - 4효, 5효, 6효를 외괘外卦(상괘)라 한다.

괘상(대성괘)의 번호는 위로 아래로 소성괘의 번호를 붙이면 된다.

외괘外卦(상괘) 3이고 내괘內卦(하괘) 5이면 대성괘大成卦는 35번이 된다.

1) 팔효八爻란?

① 정효(正爻)

- 기본 6개의 효로 이루어진 1개의 대성괘를 말한다.

② 세효(世爻)

- 자신을 나타내는 효

③ 응효(應爻)

- 세효의 대하여 상대 또는 목적을 나타내는 효

④ 대효(對爻)

- 서로대칭대는 효 초효와 4효, 2효와 5효, 3효와 6효를 가리킨다.

⑤ 간효(間爻)

- 세효와 동효 중간에 있는 효

⑥ 동효(動爻)

- 6개의 효중 동(動)하여 움직이는 효

⑦ 변효(變爻)

- 동효가 움직여 변화된 효

⑧ 정효(靜爻)

- 발동하지 않고 안정되게 가만히 있는 효

2) 각효各爻의 의미

① 육효(六爻)

외괘의 제일 상단에 있기 때문에 위태롭다

달도 차면 기운다. 사업을 시작하기보다는 정리하는 시기

② 오효(五爻)

천자존귀天子尊貴의 자리다.

용龍이 승천하는 자리로 가장 좋다.

③ 사효(四爻)

미덕과 겸손의 자리다

외괘 중 제일 아래에 있기 때문이다.

④ 삼효(三爻)

내괴의 상단에 있기 때문에 위험한 자리다

가정자리로 각별히 행동조심해야 한다.

⑤ 이효(二爻)

내괘에 중심으로 안정적인 자리다.

⑥ 초효(初爻)

미쇠약微衰弱 작용을 하는 자리다.

힘든 자리, 때를 기다려야 한다.

3) 내괘內卦의 의미

① 내부적 사건을 보는 곳 - 가정자리

② 부부, 자식 육친六親 관계의 안정, 평안을 관찰

③ 가정을 관찰

④ 자신의 마음

⑤ 안식처

4) 외괘外卦의 의미

① 외부적 사건을 보는 곳 - 사회자리

② 타인과의 관계 직업, 변동, 원행(遠行)

③ 활동할 수 있는 영향력을 본다.

④ 일년신수(一年身數)에서 길흉(吉凶)이 강하게 작용한다

2. 용신用神의 의미

점서의 주된 목적이 되는 육친(六親)을 보는 자리다. 점을 보는 목적을 결정한 후 해당 육친이 용신(用神)이 되고, 점서의 용신 자리를 찾아 뜻을 해석한다.

1) 형용신兄用神 - 나와 화합 또는 경쟁하는 자, 성질
 - 형제자매, 친구, 동료, 동업자, 경쟁자, 손재損財, 탈재奪財, 사기, 재앙

2) 손용신孫用神 - 내가 생하는 육친, 기쁨
 - 자식, 손자, 사위, 며느리, 부하직원, 재자, 종교인, 여행
 - 약, 병원, 의사, 건강, 해우(解憂)

3) 재용신財用神 - 내가 소유하는 재물 또는 사람
 - 부인, 애인, 남자는 결혼(남자의 경우 재용신이 없을 때 결혼이 힘듦)
 - 부동산 판매, 주택 판매

4) 관용신官用神 - 나를 관찰하고 구속하는 것
 - 길(吉) 남자 - 관직, 공영, 명예, 직업, 승진, 취직
 - 흉(凶) 질병, 수술, 사망, 도둑, 관재(官災), 재앙(災殃), 고민

5) 부용신父用神 - 나를 보호하고 도움을 주는 것
 - 부동산 구입, 주택 구입, 문서(계약서) 동산(자동차)구입, 조상, 부모, 처가

※ 육효 안에 관효(官爻)와 손효(孫爻)는 같이 있어야 한다. 운세에 관(官)이 없을 경우 기(氣)가 없고, 손(孫)이 없을 경우 기쁨이 없다. 즉 기신(忌神)이 있을 때 희신(喜神)이 함께 있어야 완충작용을 할 수 있다.

3. 세효世爻, 응효應爻의 의미

세효世爻: 자신의 운運을 볼 경우 자신의 자리가 세효가 되고, 반대로 점을 봐 줄 경우 손님의 자리가 세효가 된다.

응효應爻: 점을 보는 온 손님이 세효(世爻)이면, 손님의 목적이 응효(應爻)다. 점서의 세효世爻가 자리를 찾아 뜻을 해석하면 된다.

※ 응효應爻가 세효世爻를 생生하면 길吉하고, 극克하면 흉凶하다.

1) 형효지세 兄爻持世

① 재물인연은 없다.

② 부부관계 불화

③ 구설시비 발생

2) 손효지세孫爻持世

① 희열, 기쁨이 있다.

② 재물을 얻는다

③ 시험 합격 운이 흉하다.

④ 승진 운이 흉하다

3) 재효지세財爻持世

① 재물을 쉽게 얻을 수 있다.

② 사업, 개업 길하다.

③ 문서 운이 흉하다

4) 관효지세官爻持世

① 직업職業 길吉하다.

② 명예, 승진 길吉하다.

③ 시험운 길하다.

④ 질병, 관재구설 재앙이 많다.

5) 부효지세父爻持世

① 몸과 마음이 힘들고 고통이 많다.(손孫을 극한다)

② 부모父母와 관계는 길하다.

③ 문서(文書), 이동 길하다.

④ 공부 운 좋다.(시험 운 아님)

4. 육수六獸의 의미

일간을 기준으로 점서의 육수六獸자리를 찾아 뜻을 해석한다.

1) 청룡靑龍 →길吉

① 용(龍)이라는 것은 매사 촉진시키는 것

② 청룡(靑龍)의 효가 동효가 되면 길조(吉兆)로 본다.

③ 청룡(靑龍)은 기신(忌神)이 붙으면 불길하다.

2) 주작朱雀 → 봉황새 → 울면 시끄럽다 → 구설

① 길신(吉神)에 주작이 있으면 구설장애가 생긴다.

② 주작효(朱雀爻)가 동효가 되면 관재 구설수, 시비가 발생한다.

③ 이효 (二爻_가정자리)가 주작이 되면 가정불화 부부불화

3) 구진句陳 → 거북→ 지연

① 매사 지연되거나 어려운 일이 생긴다.

② 구진효(句陳爻)가 동효가 되면 일이 잘 풀린다.

③ 구진효(句陳爻)가 흉성(凶星)이 되면 매사 손실이 발생

4) 등사螣蛇 → 뱀→ 놀란다→ 재앙

① 길신(吉神)이 등사(螣蛇)가 되어도 놀라는 일이 있다.

② 등사螣蛇가 동효가 되면 재앙발생

③ 등사螣蛇는 백호白虎 같다.

5) 백호白虎 → 차(교통사고)

① 백호(白虎)가 관효(官爻)가 되면 질병, 수술로 본다.

② 백호(白虎)가 동효가 되면 관재, 송사, 생명위험

③ 재효(財爻)가 백호(白虎)가 되면 많은 재물을 얻을 수 있다.

6) 현무玄武 → 비 안개

① 도적, 실물, 음란의 흉신

② 현무玄武가 동효가 되면 도둑을 조심해야한다.

③ 흉성(凶星)이 현무(玄武)가 되면 더욱 불길하다.

5. 12운성十二運星의 의미

12운성의 포태법(胞胎法)은 오행의 강약을 논하는 것이 아니고, 음양의 기운의 진퇴를 살펴보는 것이다. 그래서 육효에서는 12지를 음양을 구분하지 않고 생왕묘절(生旺墓絶)로만 본다.

1) 장생(長生)
① 탄생과 시작의 의미, 타인의 도움이 필요하다.
② 발전, 성장, 순종, 개혁, 장수와 번영을 뜻한다.

2) 목욕(沐浴)
① 자기방어가 힘든 위험에 노출될 수 있다.
② 실연, 실직, 주거변동, 재산손실을 뜻한다.

3) 관대(冠帶)
① 사회의 초년생으로 사회에 첫발을 내딛는 시기다.
② 취업, 결혼, 호기심, 명예욕, 동료간 마찰이 있다.

4) 건록(建祿)
① 조직의 의사 결정하는 권한을 갖는다.
② 독립심, 책임감, 오만, 고뇌가 있다.

5) 제왕(帝旺)
① 인생의 최고 황금기를 맞는다.
② 소유욕, 명예욕, 승부욕, 자존심이 강하다.

6) 쇠(衰)

① 인생에서 절정기를 지나 초로기(初老期)를 맞는다.

② 사회성 부족, 수세(守勢), 보수(保守), 아집(我執)이 있다.

7) 병(病)

① 노화되어 기력이 떨어지고 육체적 정신적 힘든 시기.

② 파재(破財), 질병, 고통, 언행불일치, 불화가 발생한다.

8) 사(死)

① 하늘이 내려준 명(命)을 다한다.

② 정지(停止), 파재(破財), 우유부단, 완고함이 있다.

9) 묘(墓=庫)

① 죽어서 무덤에 들러가는 시기.

② 침체, 고통, 이동, 애 늙은이 같은 비밀이 많다.

10) 절(絶=胞)

① 시작을 위한 단절, 모든 인연을 끊으므로 고독하다.

② 단절, 독립, 생각만 많고 행동이 부족하다.

11) 태(胎)

① 새로운 삭이 트는 수태기(受胎期)

② 의타심, 결단력 부족으로 인한 이직, 변절이 있다.

12) 양(養)

① 모든 것이 남모르게 진행되며, 돕는 사람이 많은 시기.

② 연애, 성욕, 가출(家出)로 가족과 인연이 없다.

6. 육친六親 해석

육친(六親)이란? 형(兄) 손(孫) 재(財) 관(官) 부(父)를 말하고, 이것을 팔괘의 건(乾) 태(兌) 이(離) 진(震) 손(巽) 감(坎) 간(艮) 곤(坤)이 속하는 오행과 대성괘에 붙은 비신과 생극관계를 살피는 것을 육친법이라고 한다.

1) 형효(兄爻)

형제, 동료, 친구, 바람, 폭우 등을 가리키며, 파재지신(破財之神)이라 하여 형효(兄爻)가 동(動)하면 극처(剋妻), 재물손실이 따르므로 신규확장, 투자는 삼가고 집안을 잘 보살펴야 한다.

2) 손효(孫爻)

자손, 제자, 직원 등을 가리키며, 복덕지신(福德之神)이라 하여 집안의 평안과 번창이 있다. 그러나 직장인, 공무원의 경우 재임, 승진과 관련해서 손효(孫爻)가 동(動)하면 파직, 해고가 염려되고, 여자의 경우 남편과 이별이 염려된다.

3) 재효(財爻)

재물, 부인, 부하직원, 형수, 기예(技藝)등을 가리키며, 처재(妻財)의 신(神)이다. 세효(世爻)가 재효(財爻)에 있으며 왕(旺)하면 재산이 늘어나고 사업도 번창하고, 극(剋)을 당할 경우 재물손실과 극처(剋妻)할 수 있다.

4) 관효(官爻)

관청, 직장, 질병 등 관작지신(官爵之神)으로 관귀(官鬼)가 되면, 여자의 경우 남편이 된다. 세효(世爻)가 관효(官爻)에 있어 왕(旺)하면 승진, 결혼 등 기쁨이 따르고, 극(剋)을 당하면, 실직, 파면, 부부 이별이 있다.

5) 부효(父爻)

부모, 장인, 장모, 대표, 학문, 문서, 신고지신(辛苦之神)으로 문서의 신이다. 세효(世爻)가 부효(父爻)에 있어 왕(旺)하면 시험합격, 부동산 취득이 있고 극(剋)을 당하면 부모, 부동산, 문서로 근심이 있다.

7. 합合과 충冲

1) 합合, 충冲의 특성

① 길사(吉事)는 합合이 되면 더욱 길(吉)하다.

② 흉사(凶事)는 충冲이 되면 길사(吉事)로 변한다.

③ 충중봉합(冲中逢合) ▶【예시1 참조】

- 육충六冲이 되는 것이 합合이 되어 변해 길사(吉事)로 변하는 것

④ 합처봉충(合處逢冲) ▶【예시2 참조】

- 육합(六合)인 된 것이 충(冲)을 만나 흉사(凶事)로 변하는 것

※ 합合 충(冲)은 세운(歲運), 월운(月運), 일진(日辰), 동효(動爻) 4가지로 본다.

▶ 육합(六合)

子	寅	卯	辰	巳	午
丑	亥	戌	酉	申	未
合	合	合	合	合	合
土	木	火	金	水	火

▶ 육충(六冲)

子	丑	寅	卯	辰	巳
午	未	申	酉	戌	亥
冲	冲	冲	冲	冲	冲

【예시1】 충중봉합(冲中逢合)

坤爲地

88 坤土

六6

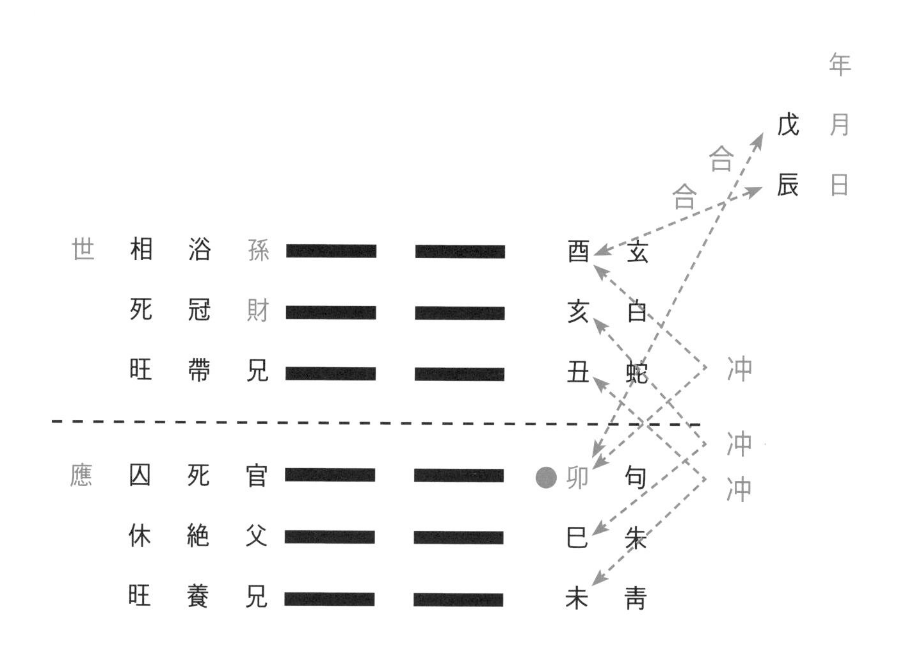

문 대출을 받으려고 하는 데 받을 수 있을까요?

답 세효(世爻) 손(孫)자리가 묘유(卯酉) 충(冲)하나, 진유(辰酉) 합(合), 묘술(卯戌) 합(合)으로 변하여, 유(酉) 손(孫)이 해(亥)재(財)를 생하여 주므로 대출을 받을 수 있다.

【예시2】 합처봉충(合處逢冲)

天地丕
18 乾金
三3

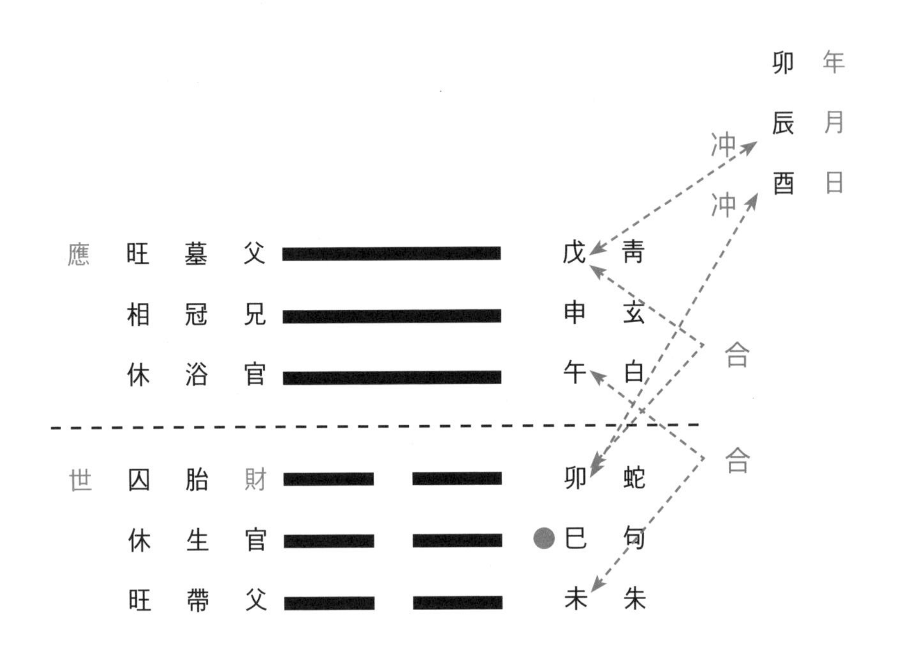

문 결혼할 수 있을 까요?

답 세효(世爻) 재(財)가 관(官_결혼) 생(生)하여 좋아 보였으나, 묘유(卯酉) 충(冲)으로 결국 결혼하지 못한다.

8. 팔신八神

1) 용신(用神)

구하고자 하는 주신으로 목적이 되는 대상 오행(五行)

2) 원신(元神)

용신을 생(生)하는 길신(吉神) 오행

3) 기신(忌神)

용신을 극하는 흉신(凶神)의 오행

4) 구신(仇神)

기신을 도와 원신(元神)에게 상해(傷害)을 입히는 흉신 오행

5) 비신(飛神)

6개의 효에 붙는 12지

6) 복신(伏神)

괘상에서 숨어 나타나지 않는 용신(用神) 오행

7) 진신(進神)

동효(動爻)가 변효(變爻)가 될 때 순방향으로 생(生)하는 것

8) 퇴신(退神)

동효(動爻)가 변효(變爻)가 될 때 역방향으로 극(剋)하는 것

▶ 진신(進神), 퇴신(退神)은 13. 동효, 변호의 해석에서 한번 그림과 함께 자세히 설명하겠습니다.

9. 복신伏神, 복음伏吟, 독발獨發

1) 복신茯神

① 괘상에서 숨어 나타나지 않는 오행을 뜻한다. ▶【예시3 참조】

② 먼저 내괘 외괘 중 용신 오행이 어느 곳에 위치해 있는가를 찾는다.

③ 비신(飛神)이 복신(伏神)을 생 또는 합할 때 사용가능 하면 길로 본다.

④ 복신(伏神)에서도 용신(用神)을 찾지 못하면 흉신(凶神)이다.

⑤ 육효 안에서 비신(飛神)보다는 작용력이 약하다.

2) 복음伏吟

① 동효(動爻)와 변효(變爻)가 동(同)할 때

② 내괘內卦와 외괘外卦가 같은 경우

→ 매사 순조롭지 못하고 운채(運滯)하고 고통이 따른다.

3) 독발獨發

- 1개의 효(爻)만 동(動)하는 것을 말한다

① 형독발兄獨發

- 사기 손재(損財) 탈재(奪財)를 당한다.
- 구설, 탄식이 따른다.

② 손독발孫獨發

- 기쁜 일이 있다.
- 여행 재물 길(吉)하다.
- 취직 승진 흉(凶)하다.

③ 재독발財獨發

- 사업 개업 길(吉)하다.
- 부모외는 불길(不吉)하다.

④ 관독발官獨發

- 명예 승진 취직 시험이 길(吉)하다.
- 재앙 발생우려가 있다.

⑤ 부독발父獨發

- 문서 계약은 길(吉)하다.
- 이사 부동산 구입시 길(吉)하다.
- 여행 자식 흉(凶)하다.

10. 독정獨精, 진발盡發, 난발亂發

1) 독정獨精

① 6개 효爻중 1개만 동動하지 않는 것

② 동動하지 않는 것이 답이다

2) 진발盡發

① 6개 효爻가 모두 동動한 것

② 세효(世효)와 응(應)효자리가 중요

3) 난발亂發

① 6개 효(爻)중 3~4개효(爻)가 동(動)한 것

② 동動된 것만 본다

【예시3】 복신伏神 찾기

1) 본궁(甲納)의 乾金甲子의 비신飛神(내괘, 외괘)을 붙인다.

㉠子 丑 寅 卯 辰 巳 午 未 申 酉 戌 亥 → 2장, 3 비신 붙이기 참조

2) 비신(飛神) 붙인 후 육친六親(용신用神)을 다시 찾는다.

3) 찾고자 하는 용신(用神)이 숨어있는 복신(伏神)이 된다.

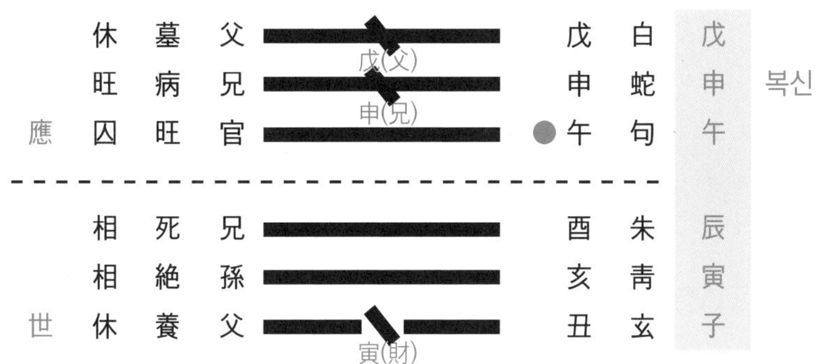

문 개업을 하려고 하는데 괜찮을까요?

답 재(財) 용신이 없으므로 복신(伏神)으로 용신(用神) 재(財)를 찾는다 육친 손(孫)이 재(財)를 생하므로 亥月(10월)에 개업을 해도 괜찮다.

11. 동효動爻 변효變爻의 해석 - 변효變爻 기준

1) 회두생(回頭生)

① 변효(變爻)가 동효(動爻)를 생부(生扶)하는 것을 말한다.

② 동효(動爻)가 용신일 때 회두생하면 목적을 달성한다.

③ 기신(忌神)을 회두생回頭生하면 하는 일이 난관이 많다.

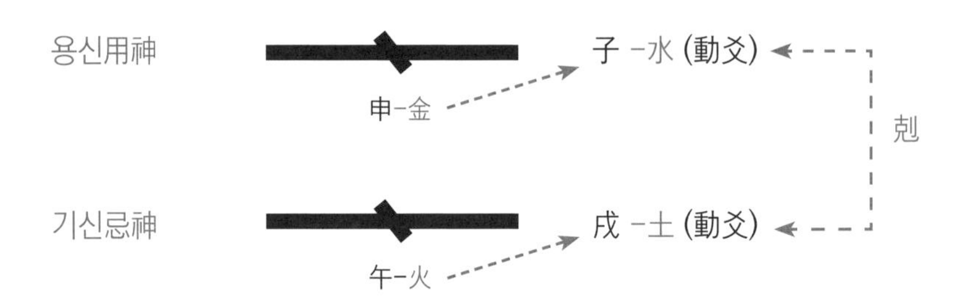

▶ 기신(兄)이 회두생回頭生 되어 용신(財)을 극(剋)해 불길하다.

2) 회두극(回頭剋)

① 변효(變爻)가 동효(動爻)를 剋하는 것 말한다.

② 동효(動爻)가 용신(用神)일 때 회두극하면 목적 달성하기 어렵다

③ 동효動爻가 기신(忌神)일 때 목적달성이 빠르다

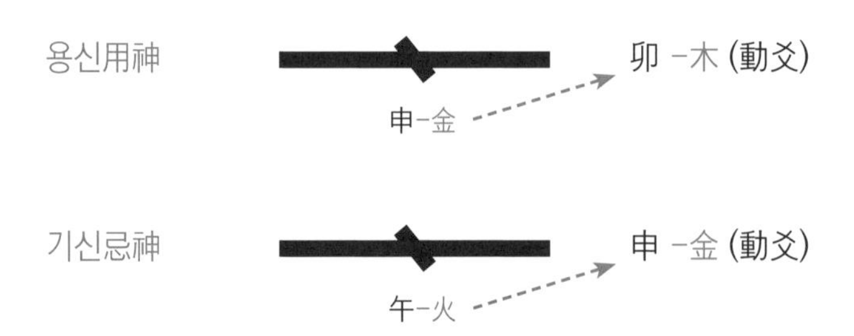

3) 진신(進神) - 동효動爻기준

동효(動爻)12지지가 순방향으로 변효(變爻)를 생(生)하면, 동효(動爻)의 기세(氣勢)가 점점 강해지는 것을 말한다.

4) 퇴신(退神) - 동효動爻기준

동효(動爻)12지지가 역방향으로 변효(變爻)를 생(生)하면, 동효(動爻)의 기세(氣勢)가 점점 약해지는 것을 말한다.

【종합 예시】 동효(動爻), 변효(變爻)

55 巽爲風 巽木 六6

卯 年
辛丑 月
壬申 日

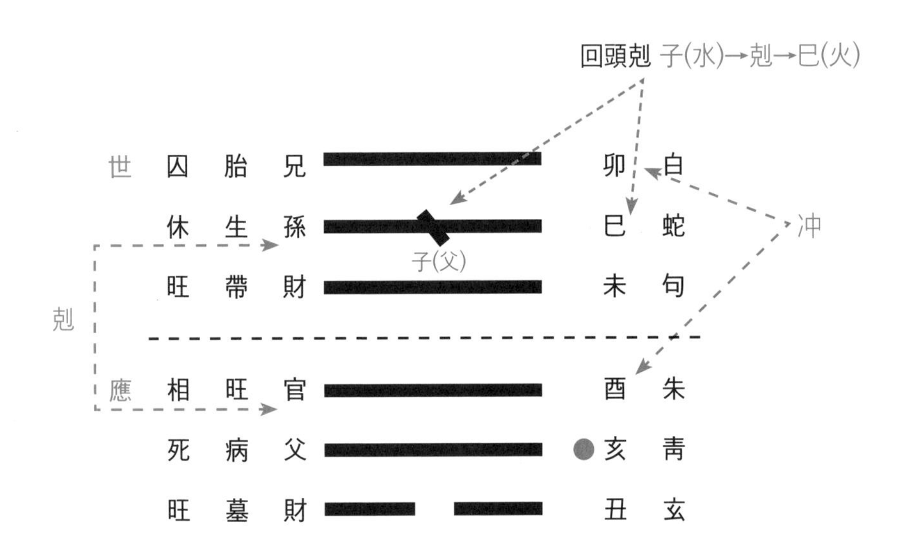

문 금년에 취직할 수 있을까요?

답 子(水)→剋→巳(火)로 회두극回頭剋 하게 되고 孫 →官을 극하지 못하게 된다. 즉 官이 生하게 되어 酉월(8월)에 취업이 가능 한 것 같이 보이나, 卯酉 →冲 丑未 →冲 巳亥 →冲 육충이 되어 취업은 힘들다.

六爻
육효
육효로 보는 생로병사 관혼상제

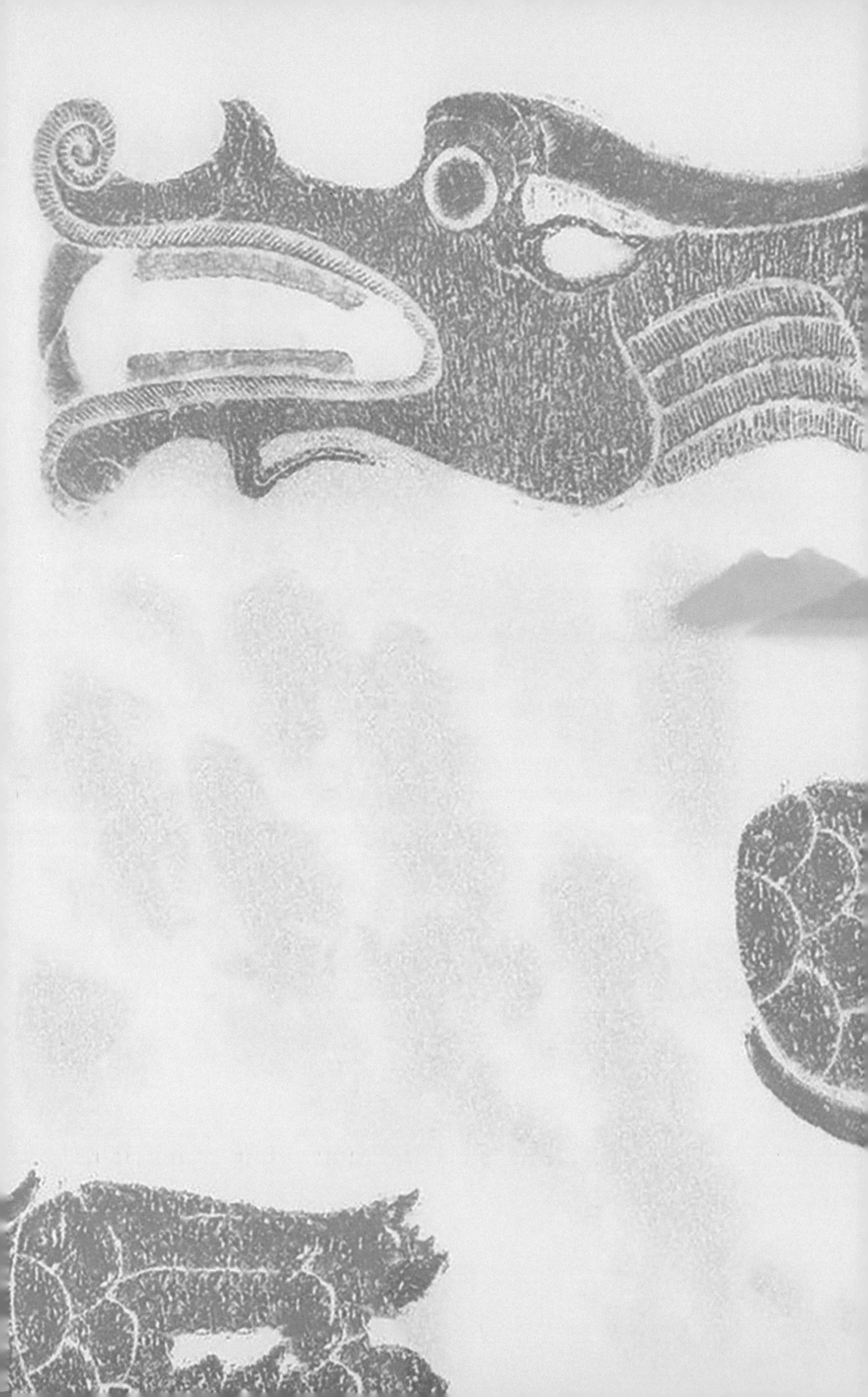

제4장 실전풀이

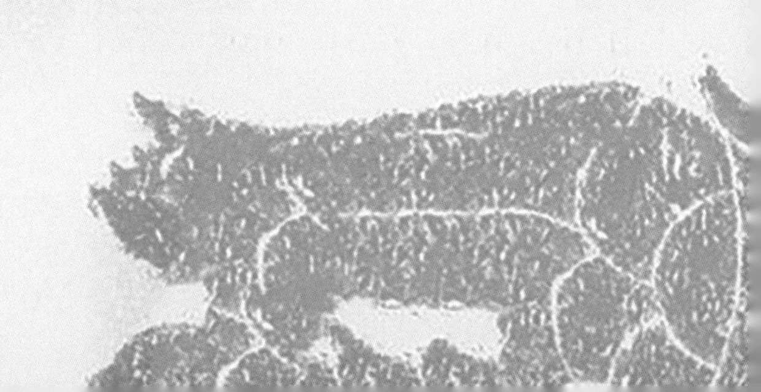

▣ 육호 점 보는 순서

살아가는 동안 누구나 한번쯤 경험하는 대학입시, 취업, 결혼, 출산, 집, 자녀문제, 건강, 노후문제 등 아마도 도시인이라면 비슷한 경험과 고민을 하며 살아가지 않나 싶다. 가끔 인생의 좌표를 잃어 방황할 때마다 신선이 나타나 답을 해준다면 몰라도, 그러나 인생사 그렇게 만만하지 않다. 오답이던, 정답이던 스스로 찾아야 한다.

만약, 여러분이 최선을 다해 살았다면 17가지 큰 문제에 대해 하늘에 운을 묻는다면 답하여 주지 않을까 생각 한다. 물론 정답이 아닐 수 있다. 하지만 최소한 참고는 할 수 있다.

1. 점치는 방법을 선택한다.(예_동전 3개를 준비한다.)
2. 점괘를 완성한 후 점사를 순서대로 붙인다.
3. 비신飛神 붙이기
   - 갑납표 또는 64괘 조견표에서 찾기
4. 육수六獸 붙이기
5. 공망空亡 찾기
6. 육친(六親) 붙이기
7. 12운성 붙이기
8. 세효世爻, 응효應爻 붙이기
9. 왕상휴수사 旺相休囚死 붙이기
10. 동효動爻 붙이기
11. 괘 풀이

▣ 실전 17가지

1. 시험 - 부(父)용신, 시험주체가 관(官)효가 된다.
2. 취업 - 관(官)효가 용신, 문서가 부(父)효가 된다.
3. 결혼 - 여자는 관(官) 용신, 남자는 재(財) 용신이 된다.
4. 임신 - 손(孫)효가 용신이 된다.
5. 출산 - 손(孫)효가 용신이 된다.
6. 주택매매 - 부(父)효가 문서로 용신이 된다.
7. 이사 - 세(世)효를 생하는 오행 방위가 길하면 좋다.
8. 대출 - 은행을 관(官)효로 보고, 대출서류를 부(父)효로 본다.
9. 질병 - 세(世)효가 용신이고, 관(官)효가 질병이다.
10. 수명 - 보통 년(年)으로 보나, 위급한 경우 월(月) 일(日)로 본다.
11. 소송(訴訟) - 응(應)효가 상대가 되고, 부(父)효가 증빙서류가 된다.
12. 분실 - 재(財)용신(돈, 보석)/부(父)(자동차, 문서)/손(孫)(애완동물)
13. 가출 - 부(父)용신 부모/손(孫) 자식/형(兄) 형제, 자매
14. 출행 - 자신을 세(世)효, 동행하는 사람은 응(應)효로 본다.
15. 날씨 - 동(動)효를 용신으로 한다.
16. 신수 - 세(世)효를 용신으로 오직 왕쇠(旺衰)를 위주로 한다.
17. 평생운 - 세(世)효를 극(剋)하면 흉하고, 왕상(旺相)하면 길하다.

1. 시험

시험의 합격여부는 자신이 직접 점을 보던, 부모가 대신 점을 봐주던 관계없이 부(父)효를 용신이 되고 시험주체자가 관(官)효가 원신(元神)이 된다.
시험합격은 부(父)효 관(官)효 둘 다 왕(旺)해야 합격할 수 있고. 세(世)효가 일(日), 월(月) 동효의 관(官)효나, 부(父)효와 합이 되는 것도 좋으면, 5효가 관(官)효일 때 세(世)효와 생(生)하거나, 합(合)하면 합격한다.
그러나 세(世)효가 동하여 관(官)효을 극할 경우나, 부(父)효 관(官)효 둘 다 묘(墓)자리에 있으면 시험에 떨어진다.

올해 공인중계사 2차 시험에 합격할 수 있겠습니까?

▶ 시험주체자 관(官) → 국토교통부

※ 대학입시, 공무원 시험은 반드시 시험보는 해(年)을 살펴야 한다.

▶ 원신(元神): 용신을 생하는 오행

水山夢 庚辰年
離火 辰月
76 四4 丁酉日
辰巳空亡

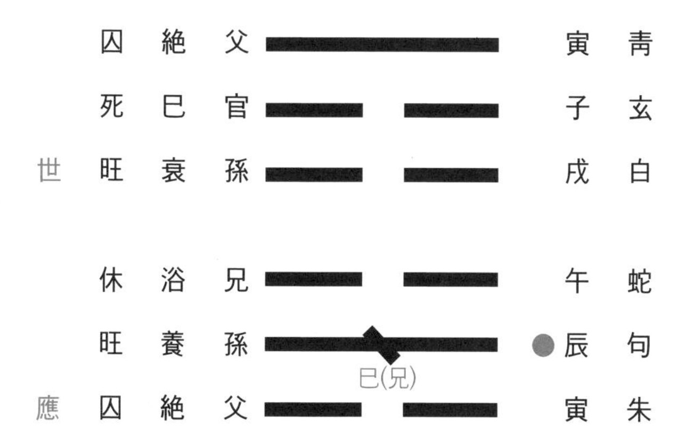

답

시험에서는 부(父)효가 용신이 되고, 시험주체가인 국토교통부가 관(官)이 된다. 그런데 용신 부(父)효 인(寅)목은 월(月), 일(日)에 극설(剋洩)하고 있고, 원신(元神) 자(子)수 관(官)효는 손(孫)효에 극을 당하고 있다.
그리고 용신인 인(寅)목이 수(囚)에 있고, 2효 진(辰)토에게 자(子)수 관(官)이 극을 당하여 용신 인(寅)목을 생(生)하여 주지 못하므로 공인중계사 2차 시험은 합격이 어렵다.

2. 취업, 승진

취업, 승진은 시험을 치르지 않고 서류, 문서가 오고 가는 것으로 관(官)효를 용신으로 잡는다. 이때 재(財)효가 관(官)의 원신이 되고, 부(父)효는 문서(이력서)가 된다.

승진, 취업점에서는 세(世)효와 관(官)을 살펴야 하며, 관(官)이 세(世)효를 생(生) 해주고, 세(世)효가 왕(旺)한 중에 관(官)에 위치하면 금상첨화며, 세(世), 관(官), 부(父)효가 삼합을 이루면 반드시 승진, 시험에 합격할 수 있다.

그리고 관(官)은 왕(旺)한데 재(財)가 쇠(衰)하면 좌천, 한직으로 밀려날 수 있고, 또 세(世)효가 관(官)에 있고 묘(墓)자리에 있으면 중상, 묘략을 당하고, 손(孫)효가 동하면 실직할 수도 있다.

금년 대학을 졸업하고 삼성증권에 원서를 넣었는데 입사할 수 있을까요?

▶ 원 신 → 재(財)

이력서 → 부(父)

※ 문서에 해당하는 부(父) 이력서를 생(生)하여 주어야 입사할 수 있다.

	雷風恒	年
	震木	子月
45	三3	癸巳日
		子午空亡

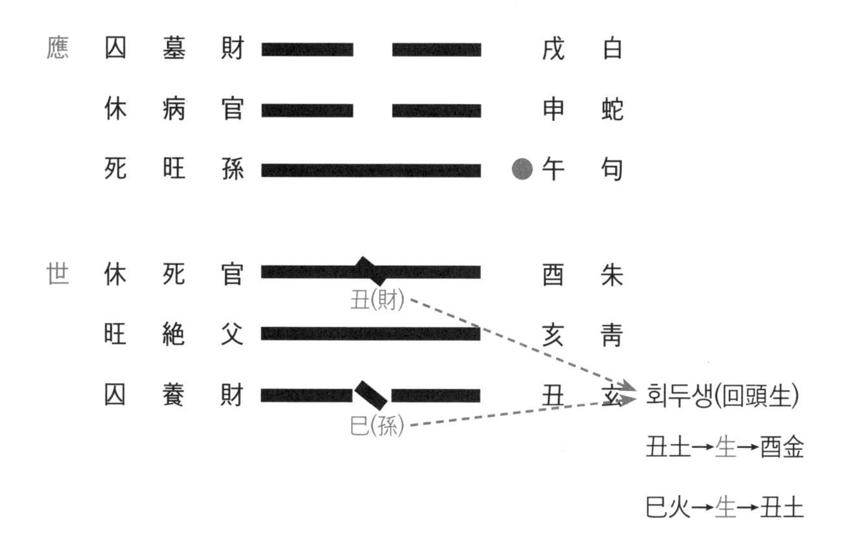

답

관(官)효 유(酉)금이 동(動)한가운데 회두생(回頭生)을 받아 다시 살아나고, 기신(忌神) 축(丑)토가 동하여 사(巳)화 함께 사유축(巳酉丑) 삼합을 이루어 원신(元神) 해(亥)수 부(父)를 생(生)하니 원하는 회사에 취직이 가능할 것으로 보인다.

또 부(父)효에 청(靑)용이 임하고, 관(官)효에 주작이 함께하니 경사가 있다.

3. 결혼

결혼은 남자 입장에서는 재(財)효(신부)가 용신이 되고, 여자는 관(官)효(신랑)이 용신이 된다. 반대입장에서 보면 재(財)효는 처첩(妻妾)으로 남자의 여자기 되고, 관(官)효는 여자의 정부(情夫)가 된다. 따라서 괘중 재(財)효가 중첩되면 남자에게 여자가 많고, 관(官)효가 중첩되면 여자에게 남자가 많다. 그리고 여자의 경우 관(官)효가 동(動)하여 세(世)가 아닌 타(他)효와 합(合)하고, 남자의 경우 재(財)효가 동하여 세(世)가 아닌 타효와 합(合)하면 서로 인연이 없고 다른 사람과 결혼한다.

미래를 약속한 남자가 있는데 결혼해도 괜찮을 까요?

▶ 여자 → 관(官) 용신 남자
남자 → 재(財) 용신 여자

火風鼎 年
離火 丑月
35 二2 乙丑日
戌亥空亡

답

여자 입장에서 보면 세(世)효가 관(官)에 앉아 해(亥)수용신으로, 월, 일에 극을 받고 있다. 또 동효 미(未)토로부터 극을 받고, 주작이 앉아 있으니 관재 구설수가 따른다. 괘(卦)에 재(財)효가 중첩되어 있고, 동(動)한 응효 미(未)토가 재(財)효로 변하니 주위에 여자가 많은 남자로 마음이 편하지 않다. 결혼은 없든 일로 하는 것이 좋다.

4. 임신

임신은 손(孫)효를 용신으로 하고, 기운의 왕(旺)쇠(衰)에 따라 아이가 있고 없음을 점친다. 손(孫)효가 왕하고 진신(進神) 회두생(回頭生)하면 아이가 있고, 퇴신(退神), 회두극(回頭剋)하면 아이를 갖기 힘들다. 임신의 유무는 태(胎)효가 있고 왕(旺), 상(相)하면 임신이고, 태효가 일(日), 월(月)에 충(沖), 극(克)을 받거나, 공망(空亡)이면 임신이 아니다.

결혼한지 10년이 지났는데 아이가 없어요. 며느리가 임신할 수 있을까요?

▶ 태(胎)효

목(木) → 유(酉)

화(火) → 자(子)

토(土) → 자(子)

금(金) → 묘(卯)

수(水) → 오(午)가 태효가 된다.

兌爲澤 年

兌金 子月

22 六6 戊子日

午未空亡

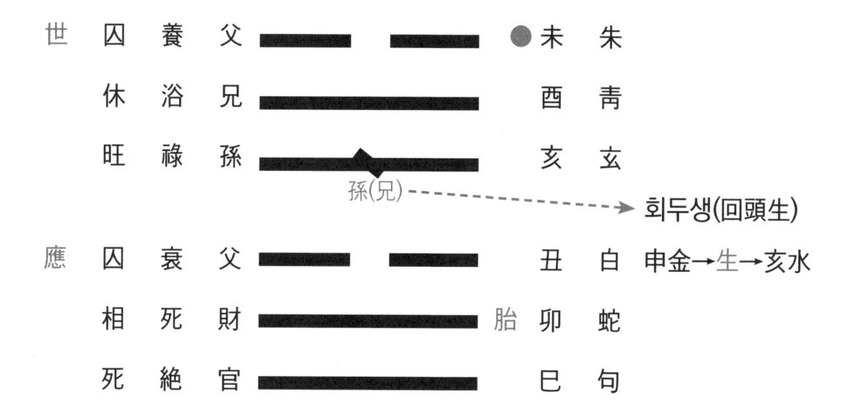

답

시어머니가 며느리 임신이 가능한지, 가능하다면 언제쯤 임신을 할 수 있는가를 물었다.

해(亥)수 손(孫)효가 동하여 신(申)금 형(兄)효로 회두생하고, 월, 일에 생부를 받으니, 손(孫)효, 태(胎)효에 필요충분 하다. 임신가능 시기는 묘(卯) 태(胎)효가 유(酉)월에 충(沖) 기(起)할 때 임신이 가능하다.

태(胎)효 ▶ 酉(金) → 卯(木)

5. 출산

출산 역시 임신과 동일하게 손(孫)효를 용신으로 하고, 아들인지, 딸인지를 알고자 할 때는 12운성의 태(胎) 이거나, 손(孫)효가 양괘(陽卦) 즉, 건(乾), 진(震), 감(坎), 간(艮) 이면 아들이고, 음괘(陰卦) 곤(坤), 태(兌), 이(離), 손(巽) 이면 딸이다.
또 태(胎)효가 중첩되고, 태(胎)효가 동(動)하여 다시 태(胎)효가 되면 쌍둥이 확률이 높다. 그리고 순산 여부는 손(孫)효가 동하여 재(財)효를 충(沖), 극(克)하거나, 손(孫)효에 육수 중 백호가 임하여 동하여도 산모의 건강이 위험하고 힘든 출산을 하게 된다.

아내가 무사히 출산할 있을 까요?

▶ 아들, 딸 감별

손(孫)효가 양괘(陽卦) 건(乾), 진(震), 감(坎), 간(艮) 이면 아들
음괘(陰卦) 곤(坤), 태(兌), 이(離), 손(巽) 이면 딸이다.

	山地剝	年
	乾金	寅月
78	五5	戊子日
		午未空亡

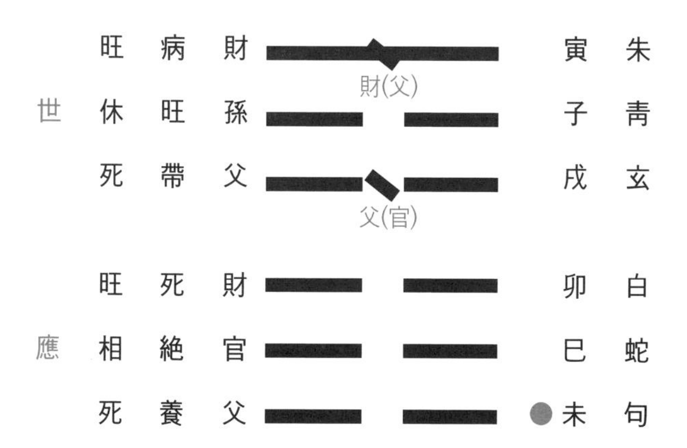

답

손(孫)효 용신으로 세(世)효가 앉아있고, 동(動)한 부(父)효 술(戌)토가 오(午)화 관(官)효로 변하여, 재(財)효 인(寅)목과 함께 인오술(寅午戌) 삼합(三合)화(火)국을 이루어 산고가 걱정되나, 부(父)효 인(寅)목을 생해주니 순산한다.

▶ 6효 財 → 父　寅 → 戌

4효 父 → 官　戌 → 午

6. 주택매매

주택을 매매할 경우 충(沖)은 흉(凶)하고 합(合)하면 길(吉)하다. 만약, 매입한다면 부(父)효가 용신이 되고 세(世)효가 생하여 주거나 합하면 길(吉)하다. 반대로 매도한다면 부(父)효가 응(應)효를 생하여 주거나 합하면 길(吉)하다. 그리고 부(父)효가 정(精)하면 충(沖)할 때 성사되고, 동(動)하여 공망(空亡)이면 출공(出空)할 때 매매가 이루어진다.
또한, 부(父)효가 합(合)이 된 경우, 충개(沖開)될 때 매매가 성사된다.

문

금리 인상으로 식자재 가격이 올라 식당 운영이 어려워 급하게 집을 팔아야 하는데 빨리 처분할 수 있을까요?

▶ **매도인, 매수인 구별**

매도인이 점을 칠 때는 세(世)효가 매도인이 되고, 응(應)효가 매수인이 된다.

매수인이 점을 칠 때는 세(世)효가 매수인이 되고, 응(應)효가 매도인이 된다.

	地天泰	年
	坤土	巳月
81	三3	己丑日
		午未空亡

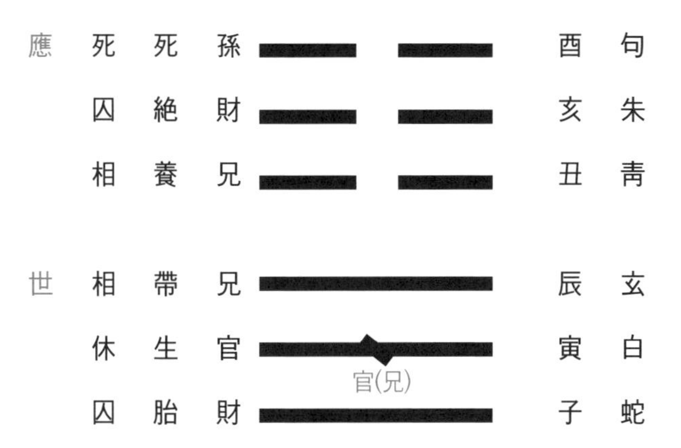

답

부(父)효가 없을 경우 2효가 동(動)해야 매매 계약이 빨리 이루어진다.
단, 2효가 휴(休), 수(囚), 공망(空亡)이면 계약이 힘들어 판매가 어렵다.
또한, 초효, 3효가 동(動)하여도 계약이 늦어진다.
지금의 경우 2효 관(官), 백(白)호가 동(動)하니 매매 전 8(申)월에 임시 휴업을 할 수 있다.

▶ 용신(用神) 구분

본인이 거주하고 있는 경우 2효가 용신이고
소유만 하고 있을 경우 부(父)효가 용신이다.

7. 이사

이사의 경우 방위(方位)가 중요하다. 방위의 경우 세(世)효를 생하여 주면 길하고, 세(世)효가 방위를 극(剋)하면 흉(凶)하나, 관(官)효에 세(世)가 있으며 방위를 극하여도 괜찮다. 단, 왕(旺)해야 한다.
특히 이사점에서 형(兄)효가 동(動)하면 구설수, 손재수가 있고, 손(孫)효가 동하면 기쁜 일이 있고, 재(財)효가 동하면 부모로 인한 근심이 생긴다. 관(官)효가 동하면 관재(官災)와 병을 얻고, 부(父)효가 동하면 자식에게 흉한 일이 발생한다. 또한, 백(白)효가 있으면 이사로 인한 사고가 따른다.

강동(江東) 미사 지구로 이사하려고 하는데 어떻겠습니까?

▶ **이사 갈 집, 현재 사는 집 구별**

세(世)효와, 내(內)괘는 현재사는 집

응(應)효와 외(外)괘는 이사 갈 집

	手澤節	年
	坎水	亥月
62	初1	甲辰日
		寅卯空亡

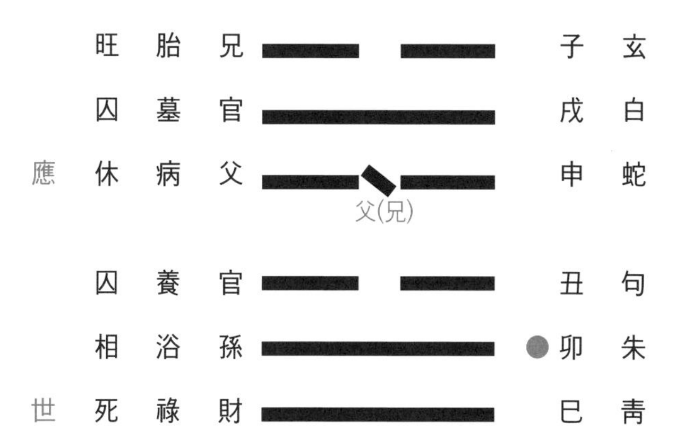

답

세(世)효와 부(父)효가 합(合)이면서 파(破)하고, 휴(休)인 상태다.

또한, 부(父)효 신(申)금이 동(動)하여 자녀에게 좋지 않다.

이사를 한다면 방위는 세(世)효 사(巳)화를 생(生)하는 동방목(動方木)이 좋으니, 강동 미사 방향이 길하다.

하지만, 2효가 외괘 5효를 극하니 이사 자체가 바람직하지 못하다.

▶ 2효(卯) → 5효(戌)

8. 대출

돈을 빌릴 수 있는지, 없는지를 묻는 것을 구재점(求財占)이라 하는데 지인에게 돈을 빌리는 행위나. 은행 등 기관에서 대출하는 경우 응(應)효 즉 상대가 왕(旺)한 가운데 세(世)효와 합(合)하거나, 생(生)하여 주면 대출이 성사된다. 구재점(求財占)에서는 재(財)효가 용신이 되고, 내점자(來店)子) 입장에 따라 응(應)효가 은행일 경우 관(官)효가 되고, 그 외는 육친(六親)관계에 따라 정한다.

문

아파트 구입을 위해 은행 대출을 받아야 하는데 가능할까요?

▶ 진신(進神) – 동효動爻기준

동효(動爻)12지지가 순방향으로 변효(變爻)를 생(生)하면, 동효(動爻)의 기세(氣勢)가 점점 강해진다.

	澤風大過	年
	震木	申月
25	四4	癸卯日
		辰巳空亡

답

미(未)토 재(財)효 용신(用神)이 동(動)하여 술(戌)토 진신(進神)으로 일(日)지와 묘술(卯戌) 합(合)이 되어 길하다.

은행 대출에서 은행을 관(官)효가 대출서류를 부(父)효를 생하여 주고 있으니, 서류가 구비되면 대출이 가능하다. 부(父)효 해(亥)수가 충(沖)이 되는 을사(乙巳) 일에 이루어 진다.

9. 질병

질병(疾病)점에서는 세(世)효가 용신이 되고, 대신 점을 봐줄 때는 육친법에 의한다.

손(孫)효(의사, 약사)에 세(世)효가 있으면 환자의 병이 호전되고, 관(官)효에 세(世)효가 있으면 치료가 오래 걸린다.

그리고 형(兄)효에 세(世)효가 있으면 형생손(兄生孫)으로 병에 도움이 되고, 재(財)효에 세(世)효가 임하면 재생관(財生官)으로 병이 더 위중 해진다.

허리 통증으로 3주째 치료 중입니다. 언제 즘 완쾌가 될까요?

▶ 관(官) → 질 병
손(孫) → 약, 간호사, 의사

雷風恒	年
震木	辰月
三3	辛丑日
	辰巳空亡

45

應	旺	墓	財	▬▬ ▬▬	戌	蛇
	相	病	官	▬▬ ▬▬	申	句
	休	旺	孫	▬▬▬▬▬	午	朱
世	相	死	官	▬▬▬▬▬	酉	靑
	死	絶	父	▬▬▬▬▬	亥	玄
	旺	養	財	▬▬ ▬▬	丑	白

답

유(酉)금 관(官)효에 세(世)효가 있고, 월(月)지와 일(日)지에 생(生)을 받고 있으나, 용신 관(官)효가 사(死)에 있다. 그러나 묘(卯)일이 되면, 묘유(卯酉) 충(沖)으로 충개(沖開)되어 디스크가 완쾌된다.

▶ 용신이 사(死), 절(絶), 묘(墓)에 있어도, 용신이 충개(沖開)될 때 병이 완쾌된다.

10. 수명

수명은 세(世)효을 용신으로 하고, 용신, 원신, 기신이 정(精)하면 길(吉)하고, 동(動)하면 흉(凶)하다. 즉, 세(世)효가 왕(旺) 상(相)하면 장수하고, 휴(休), 수(囚)하고, 충(沖), 극(剋)을 받거나, 공망(空亡)이면 단명한다.
수명은 보통 년(年)으로 보나, 위급한 상태, 노인의 경우 세(世)효가 휴(休) 수(囚) 충(沖) 극(剋)이면 월(月), 일(日)을 살펴보고 판단한다.
그리고 손(孫)효, 부(父)효가 사(死), 묘(墓), 절(絶), 공망(空亡)이면 스님이 될 운명이다.

문

형님이 교통사고로 1주일 째 의식불명인데 깨어날 수 있을까요?

▶ 부(父) → 부모
손(孫) → 자식
형(兄) → 형제

▶ 일지 酉 → 亥 역마살(驛馬煞) → 교통사고
→ 卯 재살(災煞) → 사고 수

33	離爲火	年
	離火	午月
	六6	丁酉日
		辰巳空亡

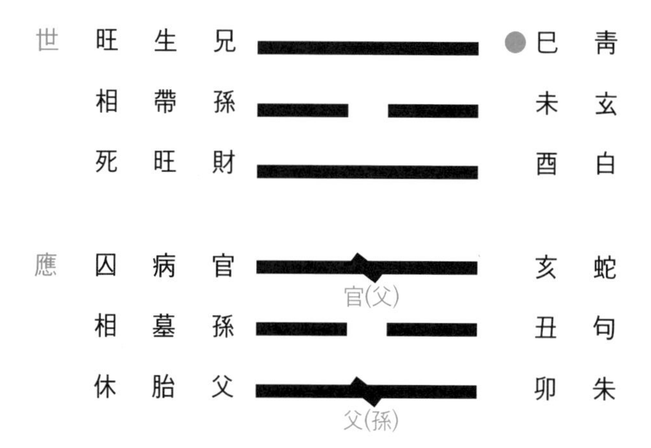

답

세(世)효 용신인 형(兄)효가 공망(空亡)이고, 관(官)효가 동(動)하여 세(世)효를 충(沖)하고 있으니 흉(凶)하다. 그러나 묘(卯) 부(父)효가 동(動)하여 미(未)토 손(孫)효가 되어, 응(應)효인 해(亥) 관(官)효와 삼합(三合)을 이루어 세(世)효 용신인 형(兄)효 사(巳)화를 생(生)하고, 왕(旺)하므로 무사히 깨어난다.

▶ 하괘 변효 → 未巳卯

▶ 亥卯未 삼합(三合)

11. 소송(訴訟)

일반 민사소송 경우 응(應)효가 상대가 되고, 행정소송, 형사사건 경우 관(官)효가 관청(법원)이 된다. 소송에서는 부(父)효가 송장, 증빙서류, 진정서 등 서류가 되고, 손(孫)효가 변호사 된다.
그리고 관(官)효에 백(白)호가 동거하면 형을 받고, 구(句)진이 임하면 구속된다. 또한, 태세(太歲)가 관(官)효를 충(沖)하면 석방되고, 월(月)이 관(官)효를 충(沖)하면 사면을 받는다. 그러나 일(日)지와 관(官)효와 상극되면 형을 받는다.

친구에게 돈을 발려주었는데, 친구는 치킨 사업에 공동 투자한 것이라고 우기며 돌려주지 않아 3년째 소송 중입니다. 이길 수 있을 까요?

33	離爲火	年
	離火	未月
	六6	己巳日
		戌亥空亡

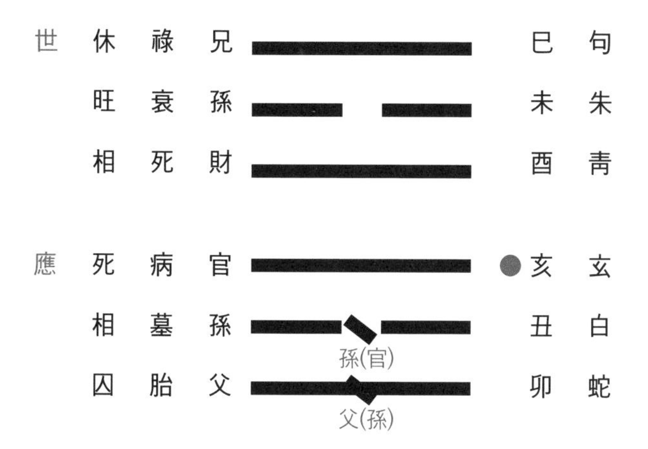

답

민사소송에서 응(應)효가 상대가 되고, 부(父)효가 송장, 증빙서류가 된다. 현제 응(應_상대)효 해(亥)수가 관(官)효로 월, 일에 충(沖) 극(剋)을 당하고 있는 상태이고, 묘(卯) 부효(증비서류)가 세(世)효 사(巳)화를 생(生)하고 있으니 승소가 확실시된다.

12. 도난, 분실

물건을 잃어버렸거나 도난당한 경우 분실물을 찾고자 할 때 치는 점을 분실점이라 한다. 분실점에서는 2가지를 본다. 분실물의 특성에 따라 용신을 구분하고, 분실물의 위치를 파악하는 것이다.

문

식당 옷걸이에 겉옷을 걸어 두었는데 검은색 겨울 철 외투라 비슷해 보여 다른 분이 입고 갔는 것 같은데 찾을 수 있을 까요?

▶ **분실, 도난 물건에 따른 용신**

재(財)용신 → 돈, 보석 류, 기타 물건

부(父)용신 → 자동차, 옷, 문서

손(孫)용신 → 애완견(동물)

山水蒙 年
離火 子月
76 四4 壬申日
戌亥空亡

답

옷은 부(父)용신에 해당하고, 일(日), 월(月)로부터 생부(生扶)를 받고, 관(官)효 에게 생(生)을 받고 있다. 또한, 옷을 잘 못 바꿔간 사람에 해당하는 응(應)효 인(寅)으로부터 해(亥)일에 연락이와 옷을 찾을 수 있다.

▶ 집안에서 물건을 찾을 때 용신의 위치

집안에서 물건을 잃어버렸을 경우 → 내괘

집밖에서 물건을 잃어버렸을 경우 → 외괘

13. 가출

가출한 형제, 자매, 자식의 소식을 알고자 할 때는 형(兄)효, 손(孫)효을 용신으로 하고 부(父)효와 함께 살펴보아야 한다. 가출한 자식의 소식을 기다릴 때는 용신이 왕(旺)한 가운데 동(動)하거나 극(剋)하 것이 길하고, 용신이 동(動)하여 합(合)하는 날(日)이나, 용신이 정(精)하면 충(沖)을 받는 날(日) 집으로 돌아온다.
그리고 용신이 휴(休) 수(囚)에 있거나, 세(世)효, 응(應)효가 공망(空亡)이면 소식이 없고, 세(世)효와 부(父)효가 생합(生合)하면 소식이 늦다.

5년전 고3 때 음악을 한다고 서울로 가출한 형의 소식이 궁금합니다?

▶ 소식을 기다릴 때 해당 용신

부(父)효 → 무모

손(孫)효 → 자식

형(兄)효 → 형제, 자매

天地否 年
乾金 丑月
18 三3 丁酉日
子丑空亡

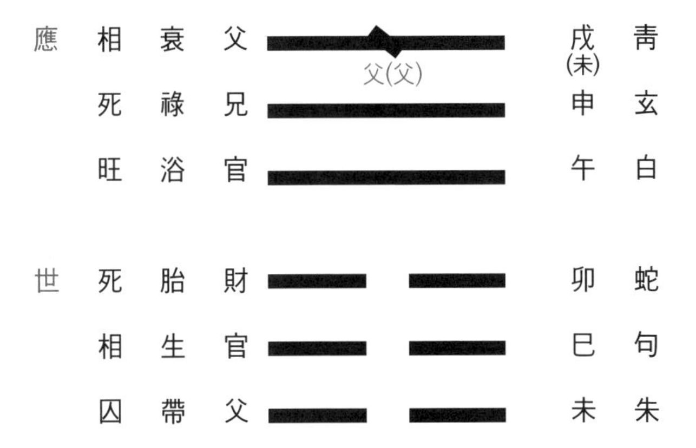

답

가출한 형의 소식을 알고자 할 때는 부(父)효와 함께 용신을 살펴야 한다. 부(父)효가 쇠(衰)하고 월(月)지와 함께 축술미(丑戌未) 삼형(三形)살을 이루지만, 다음 달 인(寅)월에 아들에 해당하는 형(兄)효 신(申)금이 사(巳)일과 합(合)하는 날 오늘 소식을 전해온다.

▶ 삼형(三形)살 → 축술미(丑戌未)

14. 출행

여행, 외출 시 자신의 안위, 목적달성의 가부를 점치는 것으로 자신은 세(世)효, 동행하는 사람은 응(應)효, 경비를 재(財)효로 본다. 세(世)효가 동하여 여행을 결심하였으나 충(沖), 파(破), 공망(空亡)이면 취소가 된다. 또 외출시 세(世)효가 진(進)신이면 외출 시 목적을 달성할 수 있고, 퇴(退)신이 목적을 당성 할 수 없다.

여행, 외근, 출장 시 주위해야 할 것을 볼 때 건(乾), 진(震) 괘에 관귀가 동하면 벼락, 날씨 변화를 조심하고, 태(兌), 감(坎)괘에 관귀가 통하면 낙상 조심하고, 이(離), 손(巽)괘에 관귀가 동하면 태풍, 바람을 조심하고, 곤(坤), 손(巽)괘에 관귀가 동하면 산행을 조심해야 한다.

신제품 출시로 백화점에서 행사 진행을 위해 담당과 미팅하러 외근을 나가려고 하는데 백화점에서 승인을 할까요?

▶ 육수(六獸)에 관귀(官鬼)가 동(動)할 때 나타나는 피해

청용 → 주색으로 인한 상해

주작 → 구설 수

구진 → 감금으로 인한 상해

등사 → 풍파사고

백호 → 교통사고, 횡액

현무 → 도둑으로 인한 피해

地澤臨 年
坤土 申月
82 二2 辛巳日
申酉空亡

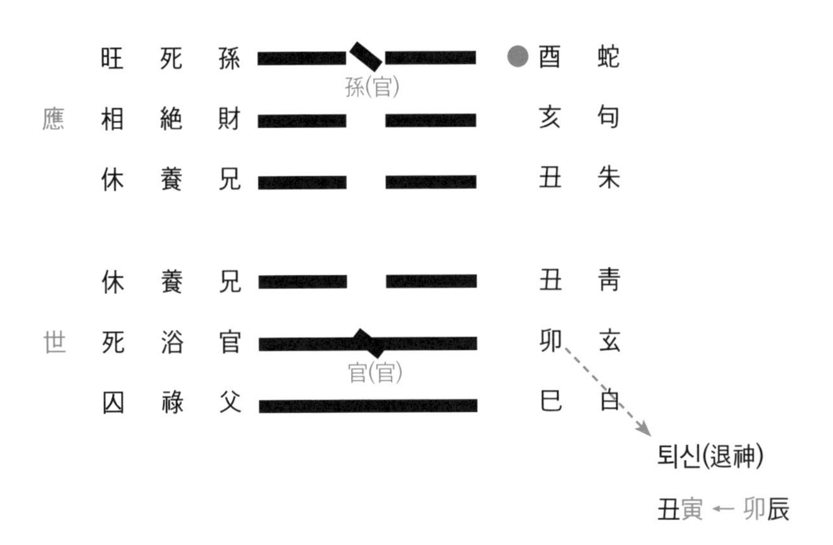

답

외근 시 용신인 묘(卯)목에 세(世)효가 있고, 일간으로부터 극(剋)을 당하고, 동(動)한 손(孫)효에 유(酉)금에 충극(沖剋)되니 뜻을 이루기가 힘들다. 또한 용신 묘(卯)목이 동(動)한 유(酉)금에게 충극(沖剋)을 당하고 관귀(官鬼)가 출하여 퇴(退)신하고, 세(世)효에 현무(玄武)가 있으니 힘들다. 다음 기회에 보는 것이 좋겠다.

15. 날씨

외부 행사를 날(日)을 잡을 때 날씨만큼 중요한 것은 없다. 그때 기상을 알고자 하는 것이 날씨점이다. 날씨는 동(動)효를 용신으로 하고, 동(動)효가 없을 경우 육친(六親)의 왕쇠(旺衰)를 본다. 만약, 재(財)효, 부(父)효가 동(動)하고, 부(父)효가 정(靜)하면 날씨가 맑고 좋으며, 재(財)효, 손(孫)효가 정(靜)하고 부(父)효가 동(動)하면 비가 온다. 또, 관(官)효, 형(兄)효가 독발(獨發)하면 구름, 안개가 낀다. 즉 육친에 따른 날씨를 관장하는 신들이 서로 힘겨루기를 하며 날씨가 오락가락 한다.

이상기온으로 12월에 스키장 개장을 하려고 합니다. 오픈 날 눈이 올 까요?

▶ 날씨를 관장하는 육친(六親)

형(兄)효 → 풍운지신(風雲之神) 바람, 구름의 신이다.

손(孫)효 → 일월성두(日月星斗) 해, 달, 별의 신이다.

재(財)효 → 청명지신(淸明之神) 맑은 날씨의 신이다.

관(官)효 → 운무지신(雲霧之神) 구름과 안개의 신이다.

부(父)효 → 운설지신(雲雪之神) 구름과 서리의 신이다.

地火明夷　　年

坤土　　丑月

83　　四4　　庚申日

子丑空亡

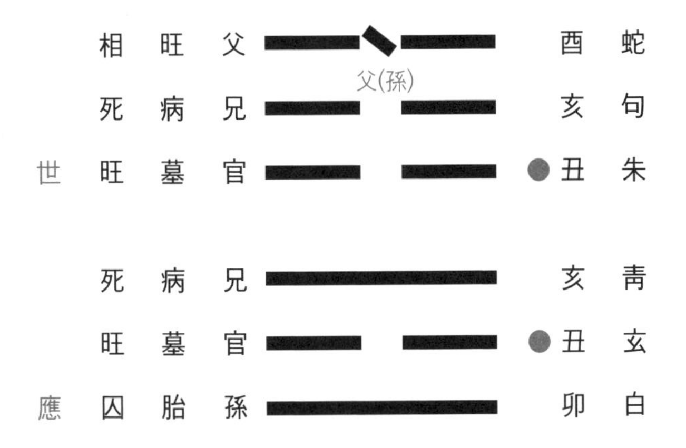

답

스키장 개장 날 눈을 기대하는데, 부(父)효 용신이 동(動)한가운데 월(月), 일(日)로부터 생부(生扶)를 받고 있다. 그런데 운무지신(雲霧之神)인 축(丑) 관(官)효가 공망(空亡)이고, 용신 부(父)효 유(酉)금을 축(丑)토가 생(生)하려 해도 묘고(墓庫)에 있으니 눈을 기대할 수 없다. 인공 눈으로 뿌려 개장을 준비하는 것이 좋겠다.

16. 신수

신변의 변화에 따른 길흉(吉凶)을 점치는 것을 말한다.
육친(六親)에 준하여 세(世)효가 동(動)하여 건(建)왕(旺)하면 기쁜 일이 있고, 휴(休)수(囚)하며 공망(空亡), 묘(墓), 파(破) 등 충(沖)극(剋)을 받으면 근심이 발생한다. 특히 세(世)효가 월파(月破)를 만나는 것을 가장 두려워한다.

- 형(兄)효에 세(世)효가 있으면 왕(旺)상(相)휴(休)수(囚)사(死)를 불문하고 일, 여자문제로 곤란을 겪는다
- 손(孫)효에 세(世)효가 있으며 왕(旺)상(相)하면, 일, 자녀에게 기쁜 일이 있고, 휴(休)수(囚) 충극(沖剋)을 받으면 실업자가 될 수 있다.
- 재(財)효에 세(世)효가 있고 휴(休)수(囚) 충극(沖剋)을 받으면 여자, 돈문제로 고생한다.
- 관(官)효에 세(世)효가 있고 휴(休)수(囚) 충극(沖剋)을 받으면 여자는 남자문제, 관재(官災) 구설수가 있다.
- 부(父)효에 세(世)효가 있고 왕(旺)상(相)하면 부동산문제, 휴(休)수(囚) 충극(沖剋)을 받으면 자녀에게 문제가 발생한다.

문

철강 수출을 하는 회사에 근무합니다. 달러 강세로 원자재 수입 단가가 올라 수출하는 자체가 마이너스입니다. 년말에 구조 조정이 예상되는데 무사할 까요?

▶ 월파 → 월(月)건이 효(爻)를 충하는 것을 말함.

	雷火風	年
	坎水	未月
43	五5	戊申日
		寅卯空亡

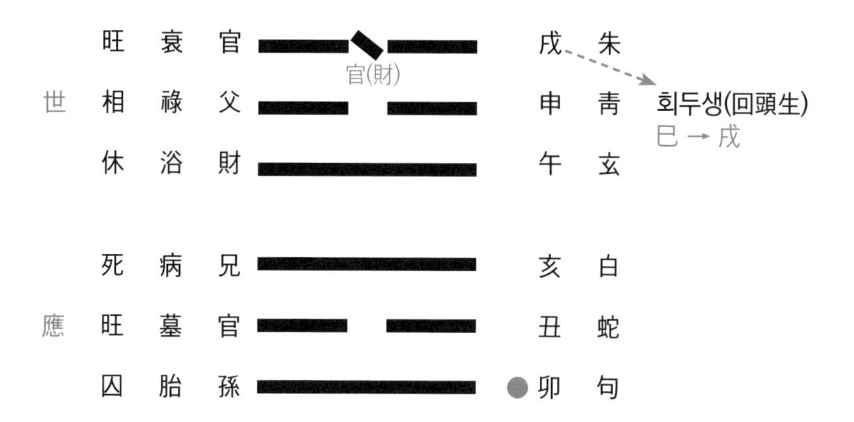

답

회사에서 인사문제의 경우 관(官)효와 세(世)효를 같이 관찰해야 한다. 즉, 관(官)효 술(戌)토를 용신으로 하고, 세(世)효 신(申)금의 관계를 살펴본다. 첫번째 관(官)효 술(戌)토가 동(動)하여 사(巳)화로 회두생을 하였고, 월(月)건 미(未)토로부터 도움을 받고 있다. 또한, 동(動)한 관(官)효가 세(世)효를 생(生)하고 있으니, 오히려 승진도 기대해 볼만 한다.

17. 평생운

자신의 평생운을 볼 때 형(刑), 충(沖), 월파(月破), 묘(墓) 등이 자신인 세(世)효를 극(剋)하면 흉(凶)하고, 왕(旺) 상(相)면 길(吉)하다.
즉, 세(世)효에 관귀(官鬼)가 들고 일묘(日墓)되면 평생 질병과 재액에 시달리고, 일진이 충하고 월파를 만나면 더욱 흉하다.
그러나 왕(旺)한 부(父)효가 세(世)효를 생(生)하면 조상덕(윗사람)이 있고, 왕(旺)한 손(孫)효가 세(世)효를 생하면 자식(아랫사람) 덕이 있다. 또한, 왕(旺)한 재(財)효가 세(世)효를 생(生)하면 처(妻)의 덕이 있고, 왕(旺)한 관(官)효가 세(世)효를 생(生)하면 귀인의 도움을 받는다.

▶ 세(世)효에 육수가 임할 때 나타나는 특징

구진(句陳) → 어리석고 둔하다.

등사(螣蛇) → 사치스럽고 방탕하다.

현문(玄武) → 간계하고 도벽이 있다.

청룡(靑龍) → 외유내강 하고 총명하나, 주색을 즐긴다.

백호(白虎) → 용맹하나 횡폭하고 횡액이 따른다.

22	兌爲澤	年
	兌金	卯月
	六6	癸丑日
		寅卯空亡

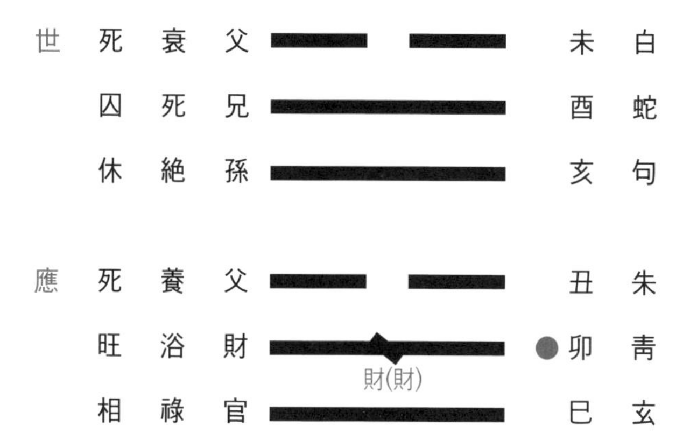

답

부(父)효에 임한 세(世)효가 동한 기신(忌神) 재(財)효로부터 극(剋)을 당하니 일생 한번은 송사로 고생을 할 것이며, 손재 수가 있다.

또한 월(月), 일(日)에 충(沖), 극(剋)을 받으니 평생 편안하지 못하고, 세(世)효에 백호(白虎)가 임하니 항상 사고 수가 따른다.

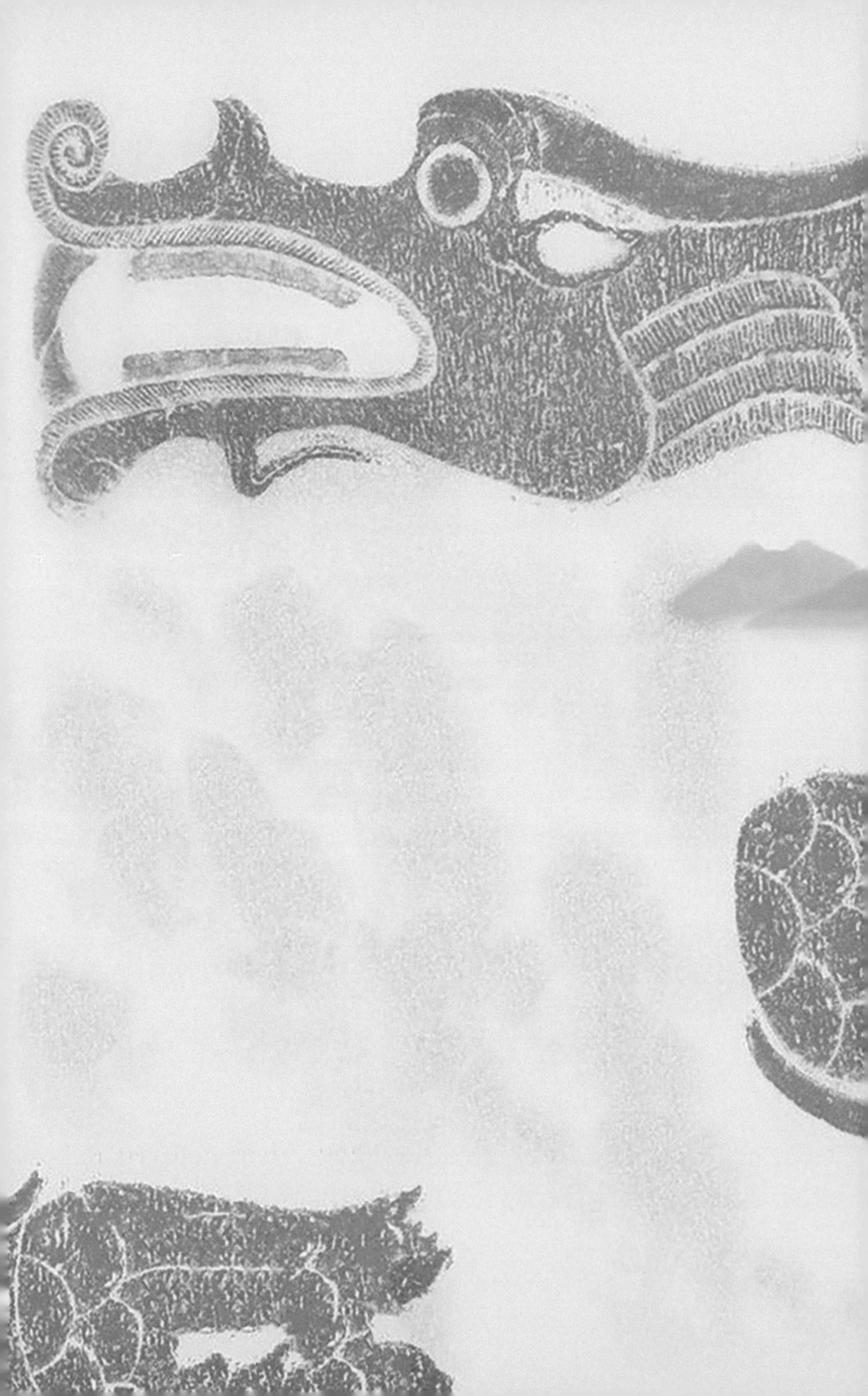

제5장
64괘상 풀이

▣ 64괘 해설 및 보는 법

육효 점을 보다 쉽게 볼 수 있도록 64괘의 전체 갑납(甲納)과 육친(六親), 세(世), 응(應)을 붙여 놓았으며, 동(動)한 변효(變爻)의 괘의 이름을 같이 붙여 한눈에 볼 수 있도록 하였다.
그리고 육효에 점사가 붙이기 힘들 경우 괘를 찾아 주역점으로 볼 수 있도록 중요한 일에 대해 길흉을 알려주고 있으니 참고하면 큰 도움을 받을 수 있다.

건위천 乾爲天

11 → 괘순서(상수역 기준)

乾金宮

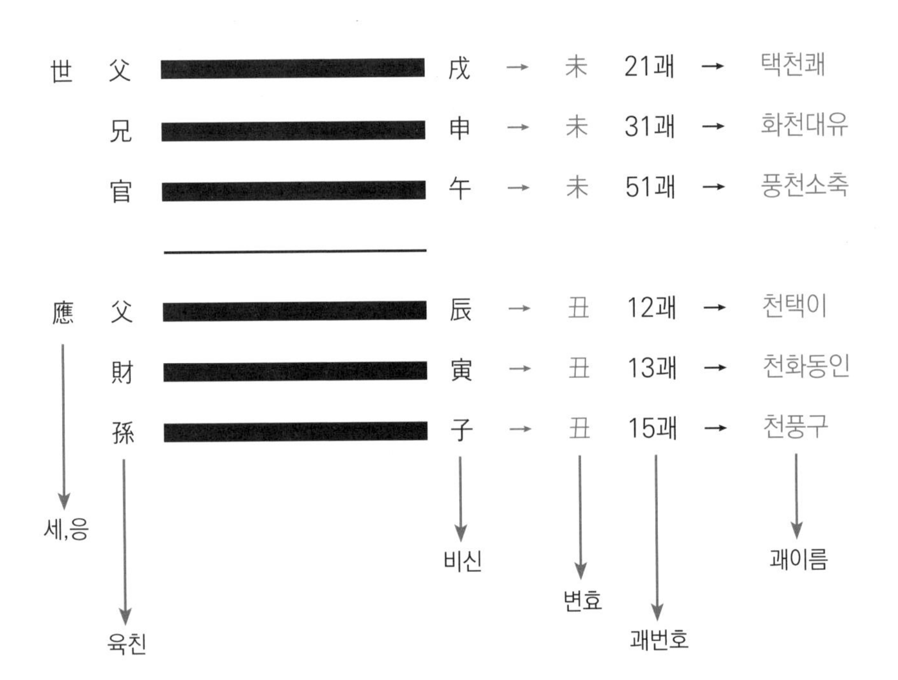

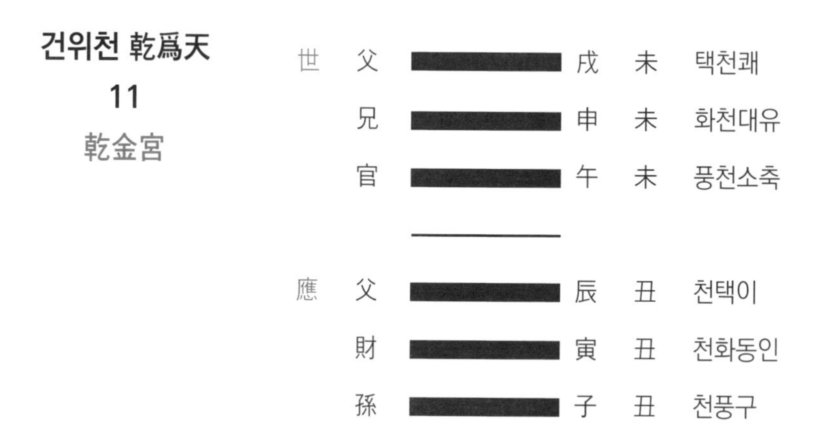

하늘위에 하늘이며, 성인이 성인을 만났으니 굳건하다.

용의 무리가 하늘을 나니, 한여름 정오 하늘이 맑다. 건(乾)괘는 만괘의 시작, 만물의 우상, 하늘과 용과 군자의 움직임과 같다. 하늘이 생겨난 후 만물이 생겨나니, 두개의 소성괘가 겹쳐 하늘과 아버지를 상징한다.

사 업: 새로운 사업은 보류하고 기존 사업은 밀고 나가라.

소 원: 빨리 이루어지지 않는다. 새 사람을 등용하라.

거 래: 서두르면 실패한다. 원만하게 해결하라

재 물: 구하면 얻을 수 있다, 단, 확장은 삼가라.

연 애: 서로가 고집을 부리니 별로 신통치 않다.

매 매: 2~5일째 기회가 올 것이니 기다리는 것이 좋다.

구 인: 빨리 오지 않는다. 진일(辰日), 술일(戌日)에 소식이 온다.

구 직: 욕심내면 불리하다. 경쟁자가 많으니 방심하지 말라.

이 사: 凶. 택일로부터 2~3일 후 날짜를 잡는 것이 좋겠다.

여 행: 凶. 목적한 바를 이루나 부상의 염려가 있다.

소 송: 타협하라. 중재하는 사람에게 맡기는 것이 좋다.

실 물: 서북쪽에서 찾을 수 있으나 시일이 오래 걸린다.

건 강: 신경계 질환, 수면부족 장기간 투병환자는 불길함.

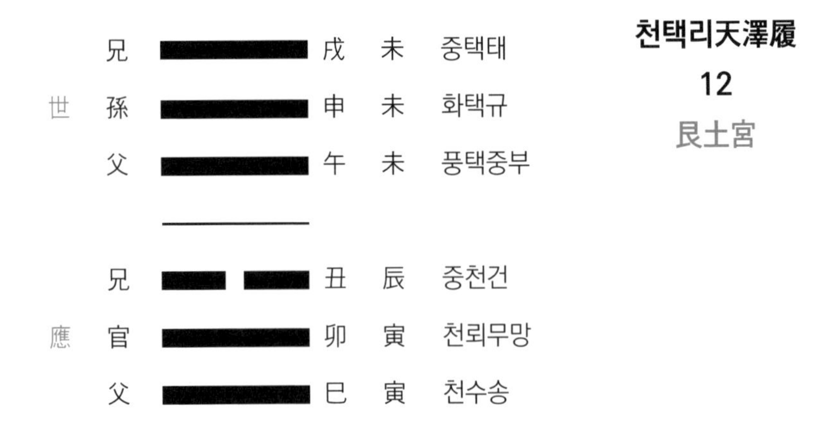

천택리天澤履

12

艮土宮

신중하게 행동하면 어려움을 극복하고 대길하다.

아이가 할아버지 수염을 뽑고, 호랑이 꼬리를 밟은 것과 같다.

이(履)는 '밟는다' '따른다' '예절'이라는 뜻이다. 위는 하늘이요 아래는 연못이다. 하늘 아래 연못이 있으니, 부족함이 없이 풍요로워 예절을 나타낸다.

사 업: 경거망동하면 분쟁이 발생한다. 매사 신중하도록.

소 원: 당장 이루어지지 않을 것이다. 귀인의 도움을 받자.

거 래: 천천히 진행 시켜라. 2~5개월 후 기회가 온다.

재 물: 이익이 있지만 너무 이익을 쫓으면 손재가 생긴다.

연 애: 짧지만 기간이지만 젊은 여자가 유부남과 연애한다.

매 매: 구설수가 있다. 매매가 가능하나 별 이익이 없다.

구 인: 경쟁이 많아 불리하다. 목표를 낮추라.

직 장: 윗사람에게 부탁하면 길하다.

구 직: 불길하다. 때를 더 기다려라.

여 행: 여행 중 물건 분실, 질병 등 놀랄 일이 생긴다.

소 송: 타협이 최선이다. 소송은 안하는 것이 좋다.

실 물: 선반 위나 벽장 또는 물건 사이에 끼어있다.

건 강: 호흡기 질환이나 두통, 성병 등이 염려된다.

천화동인天火同人
13
離火宮

맑은 가을 녘 하늘이 불이타고 있으니 만인이 뜻을 같이 한다.

동인(同人)은 '뜻을 같이 한다' '협력'을 뜻한다. 어두운 하늘 아래 불이 타오르며 세상을 밝히는 상이다. 즉 어두운 밤길에 등불을 얻으니, 마음을 같이 하는 사람이 모여들게 되므로 다음을 대유(大有)괘로 받는다.

사 업: 만사 순조롭다. 친구, 윗사람의 도움도 길하다.

소 원: 순조롭게 이루어진다. 귀인의 도움이 있다.

거 래: 주도권이 내 쪽에 있다. 상대가 먼저 상담요청을 한다.

재 물: 동업이나 타인과 함께하면 좋은 일이 있다.

연 애: 여자 한명을 두고 여러 명의 남자가 경쟁한다.

매 매: 내가 유리하나 욕심이 과하면 실패한다.

구 인: 동행자가 있으며 반드시 온다.

구 직: 북서쪽과 친구에게 부탁하면 길하다.

이 사: 주변이 찬성하면 이사를 해도 무방하다.

여 행: 단체여행은 길하고, 혼자는 것은 불길하다.

소 송: 귀인이 돕고자 하니 협조를 얻으면 승소한다.

실 물: 여자나 경찰의 도움이 있으면 찾는다. 남쪽에 있다.

건 강: 오랜 지병은 조심하고 전염병과 감기를 조심하라.

천뢰무망天雷无妄
14
巽木宮

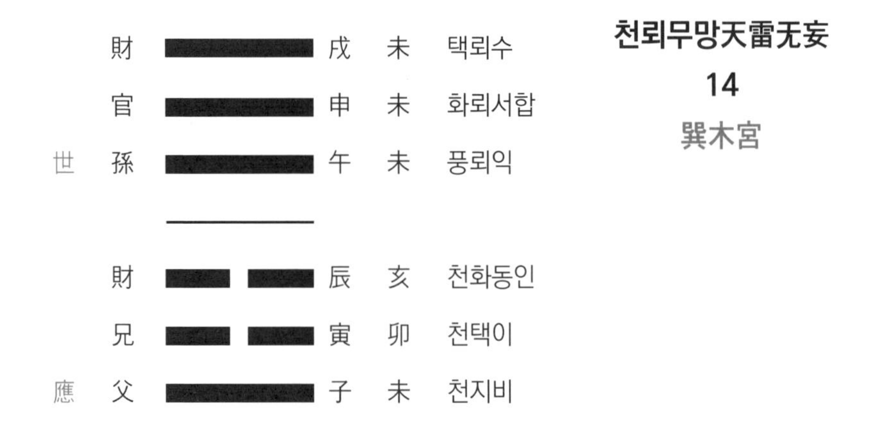

맑은 하늘에 천둥이 치니, 과함을 하늘이 일깨워 준다.

무망(无妄)의 무(无)는 '없다', 망(妄)은 '허망하다'는 뜻이다. 실패 후 오는 교훈을 뜻한다. 하늘에 천둥이 울리니 비가 오겠지만 당장은 아니다. 때를 기다려야 한다. 마른 땅에 축적한다. 다음을 대축(大畜)괘로 받는다.

사 업: 표면상으로는 양호하지만 실소득은 시원치 않다.

소 원: 어렵지만 가능하다. 소문난 잔치에 먹을 것 없다.

거 래: 상대의 행동을 보며 행동하라, 신중함이 필요하다.

재 물: 얻을 수 있으나, 실리가 없다. 집착금지.

연 애: 생각 및 종교적인 면에서 일치한다.

매 매: 서두르지 말라. 서두르면 손해를 본다.

구 인: 쉽게 구하지 못한다. 천천히 구해진다.

구 직: 취직은 되지만 쉽지 않다. 당분간 기다리는 것이 좋다.

이 사: 이사는 때가 아니니 3개월 후에나 계획해 보자.

여 행: 비즈니스로 갑자기 여행하면 득은 없다.

소 송: 장기화될 가능성이 많다, 타협해라. 이겨도 손해다.

실 물: 이미 남의 손에 있다. 쉽게 돌아오지 않는다.

건 강: 오래된 지병은 위험하며, 자연치료법이 좋다.

장녀에게 노부가 다가오니 예기치 않은 사고가 찾아온다.

구(姤)란 '우연히 만나다' '추하다'는 뜻으로, 하늘에 바람이 부니 흩어졌던 구름이 모인다. 하나의 음(陰)이 다섯 개의 양(陽)을 떠받치고 있으니 추하다. 서로 결합이 이루어지므로 다음을 췌(萃)괘로 받는다. 췌는 결합하다는 뜻이다.

사 업: 내부 마찰이 발생하고, 경쟁이 많아 수익이 적다.
소 원: 방해가 있어 쉽게 이루어지지 않는다.
거 래: 진행 중에 뜻밖의 비용문제로 지출이 많아진다.
재 물: 적은 들어오나, 큰돈은 바로 지출된다.
연 애: 사귀기는 하나 서로 진실 되지 못하다.
매 매: 모든 조건이 유리하다. 침착하게 진행하라.
구 인: 내가 먼저 손을 내밀면 바로 올 것이다
구 직: 남쪽이 길하며 너무 급하게 서두르지 말라.
이 사: 중단하라. 불가피한 경우 방향, 택일을 다시해라.
여 행: 움직이지 마라. 단, 여자와 동행하는 여행은 괜찮다.
소 송: 장애가 있으며 불리하니 중개인을 넣어 해결하라.
실 물: 여자와 관계있으며 생각지도 못한 곳에서 찾게 된다.
건 강: 심한 성생활로 몸이 피로해 있다.

결과가 흉하니 윗사람의 조언을 따르는 것이 길하다.

송(訟)이란 서로 다투고 시비를 따지는 것으로 소송, 재판, 관재구설을 뜻하며 결과가 좋지 않다. 소송을 하게 되면 네편, 내편으로 무리가 되어 갈라지게 되니, 다음을 사(師)로 받는다. 사란 무리를 말한다.

사 업: 운은 나쁘지만 아랫사람의 도움으로 성과를 낼 수 있다.
소 원: 장해가 있어 성취하기 어렵다. 조급하면 더욱 힘들다.
거 래: 좋지 않다. 원만하게 진행되기는 어렵다.
재 물: 어렵지만 바르게 행동하면 현상 유지할 수 있다.
연 애: 환경이 너무 달라서 결혼까지는 어렵다.
매 매: 지금은 별 이득이 없다. 다음을 기다리는 것이 좋다.
구 인: 소식은 오나, 사람은 늦어진다.
구 직: 좀 더 기다려야겠다. 선배, 친지 도움이 있으면 좋다.
이 사: 당장은 어렵고 이사를 해도 썩 좋지 않다.
여 행: 육지 여행은 무방하나, 물과 이성은 나쁘다.
소 송: 소송 대리인을 내세워라. 좋은 결과는 기대하기 어렵다.
실 물: 잃은 것은 찾기 어렵다. 이미 남의 손에 들어갔다.
건 강: 심장병, 신경통, 히스테리 등을 조심할 것.

천산둔天山遯
17
乾金宮

강함 힘이 몰려오니 고개를 숙여 일보 후퇴하라.

돈(豚) 또는 둔(遯)은 '피하다' '은둔하다'란 의미로 물러나 숨는다는 뜻이다. 산이 아무리 높다하더라도 하늘 아래 있다. 이제 물러나라는 뜻에서 둔(遯)을 괘 이름으로 하였다. 그러나 영원히 물러날 수 없으므로 다음을 대장(大壯)괘로 받는다.

사 업: 빛 좋은 개살구다. 실속은 없다, 내실을 다져라.
소 원: 이루어지기 어렵다. 욕심은 재난과 손해를 불러온다.
거 래: 아직은 불리하고 힘들어 진행이 어렵다.
재 물: 수입보다 지출이 많으니, 돈이 궁할 때이다.
연 애: 실속 없는 연애로 낭비가 심해진다.
매 매: 불리하다. 성사 되더라도 말이 많다.
구 인: 중간에 장해가 있어 당분간 오지 않는다.
구 직: 어렵지만 음식관련, 여행관련 업종은 길하다.
이 사: 큰집을 줄여 작게 움직이면 더욱 길하다.
여 행: 등산, 도보여행, 동료들 간의 여행은 길하다.
소 송: 불리하니 사람을 내세워 합의하는 것이 좋다.
실 물: 빨리 찾으면 찾을 수 있다.
건 강: 감기, 신경성, 만성병을 가볍게 여기지 말라.

천지비天地否
18
乾金宮

건은 위를 향하고 곤은 아래를 향하니 소통하지 못한다.

비(否)는 '막히다' '답답하다'란 뜻으로 앞이 가로 막히고 성취가 힘들다. 하늘은 하늘대로 위에 있고, 땅은 땅대로 아래에 있다. 천지 화합이 되지 않아 답답하다는 뜻으로 비(否)를 괘 이름을 붙였다.

사 업: 내실이 더욱 중요한 때이다. 투자는 불리하다.
소 원: 4~5개월 후면 기회가 온다. 이루어지리라
거 래: 상대가 유리하니, 장기적인 안목으로 거래함이 좋겠다.
재 물: 손재가 있으니 도난, 문서, 신분도용에 주의하라.
연 애: 별로 신통치 않다. 그러나 헤어지면 외롭다.
매 매: 손해를 보겠으나 매매는 이루어진다.
구 인: 지금은 오지 못한다. 장애가 있다.
구 직: 기다려라. 연락을 받지 못해 놓칠 염려가 있다.
이 사: 지금은 불길하다. 혼자 사는 경우 특히 주의.
여 행: 먼 여행은 좋지 않다. 가까운 곳도 주의하라.
소 송: 소송이 기각될 염려가 있으며 성급하면 안 된다.
실 물: 밖에서 잃어버린 것이라면 찾기 어렵다.
건 강: 식욕부진, 정력감퇴, 뇌졸중 주의, 치료가능.

택천쾌澤天夬
21
坤土宮

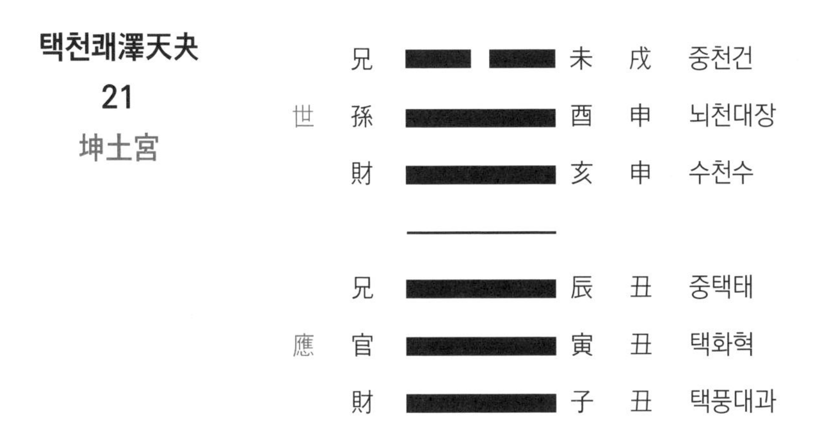

자신의 세력만 믿고 분별없이 나가면 반파의 위험이 있다.

夬(쾌,결)는 '물리친다' '결단한다'로 해결하고 처치한다는 뜻이다. 아래 다섯 양(陽)효가 위에 하나의 음(陰)효를 밀어내고 있다. 결단을 내릴 때다. 붕괴되어 해결하고자 하니 반드시 만나므로 다음을 구(姤)괘로 받는다. 구란 만나는 것이다.

사 업: 확장은 금물, 소송, 구설이 따르나 운은 좋다.
소 원: 방해가 있어 고생을 약간 하겠으나 차츰 풀린다.
거 래: 기다림이 미학, 상대방은 물러날 것이다.
재 물: 노력한 대가는 충분히 얻으니 요행을 바라지 마라.
연 애: 서로 다툼이 많으니, 썩 좋은 연애는 아니다.
매 매: 성사되기 어렵다. 마음처럼 쉽지가 않다.
구 인: 남성이면 오겠으나 여성이면 오지 않는다.
구 직: 당장은 어렵고 취직되면 만족하진 못한다.
이 사: 이사해도 좋겠지만 그대로 눌러 살아도 좋다.
여 행: 혼자 떠나는 여행은 불길, 단체여행은 괜찮다.
소 송: 적극성을 띄면 좋은 결과로 승소한다.
실 물: 파괴되어 버렸다. 없다.
건 강: 오래간다. 호흡기 질환, 변비, 부종 등 조심.

태위택兌爲澤

22

兌金宮

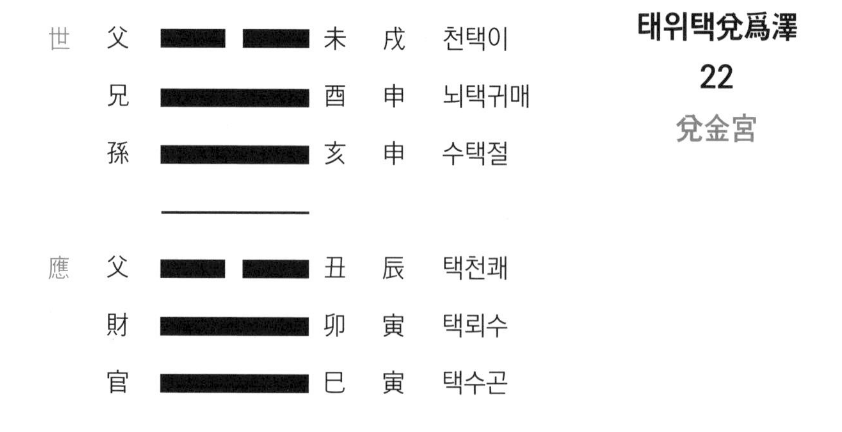

양(陽)이 음(陰)을 떠받드니 참으로 이상적이다.

태(兌)란 '즐거움' '온화한 분위기'를 뜻한다. 연못에 있는 물은 낮은 곳으로 흐르며 대지에 있는 만물에게 골고루 물을 나누어준다. 베푸는 곳에서 기쁨을 느낄 수 있다. 서로모여 기쁜 뒤에는 다시 흩어지므로 다음을 환(渙)괘로 받는다.

사 업: 조금 부족함을 느낄 것이나 노력하면 얻는다.

소 원: 이루어질 듯 이루지 못하니 기대만큼 실망도 크다.

거 래: 상대가 만만치 않으니 비장한 마음으로 임하라.

재 물: 차츰 나아질 것이니 1주일 후 기대하라.

연 애: 일시적 향락으로 미래를 기대하긴 어렵다.

매 매: 파는 건 힘이 들고 이익도 없다.

구 인: 곧 온다. 빠르면 당일이며 늦더라도 오게 된다.

구 직: 눈높이를 낮추면 합격한다. 또 소식이 온다.

이 사: 불리하다. 불가피한 경우는 북쪽에서 찾아라.

여 행: 무방하나 주색을 조심하라. 비용이 많이 들겠다.

소 송: 유리하니 승소한다. 크게 욕심 부리지 말라.

실 물: 도둑의 소행은 아니니 빨리 찾긴 어렵다.

건 강: 동남방에 약이 있다. 위궤양, 대장염에 주의하라.

태화혁兌火革
23
坎水宮

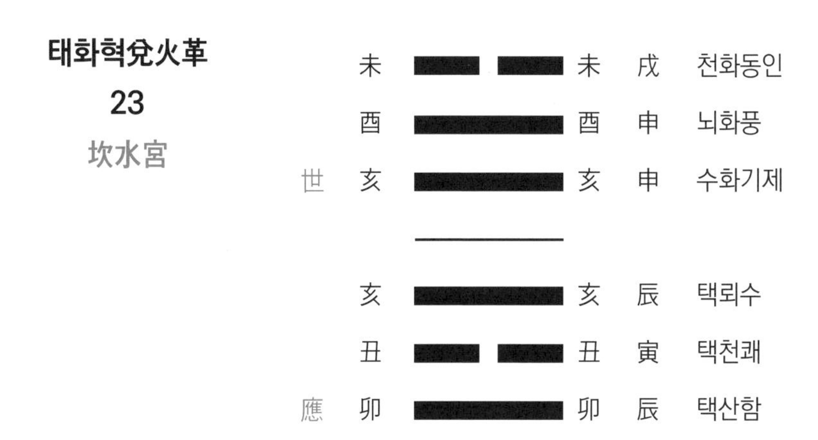

모든 것이 부패된 상태이니, 변화하지 않으면 안 된다.

혁(革)은 '바꾸다' '혁신하다' 뜻으로 새롭게 바꾸는 것이다. 연못아래 불이 물을 끓여 증발시키니, 큰 변화를 하므로 혁(革)을 괘 이름으로 붙였다. 혁은 짐승 가죽이다. 짐승의 가죽을 벗기면 속 살이 보이기 때문에 '혁명'이라한다.

사 업: 현재 순조로우나, 변화를 모색할 때다.
소 원: 처음 계획과는 차이가 있으나 끈기 있게 밀고나가라.
거 래: 오래 끌면 좋지 않으니 빨리 마무리해야 한다.
재 물: 큰돈은 어렵겠지만 작은 돈은 들어온다.
연 애: 감정보다 이성적인 연애이다. 기다리면 된다.
매 매: 성사되지만, 지금은 이익은 없으니 보류하자.
구 인: 오는데 조금 시간은 걸리지만 오기는 한다.
구 직: 처음 목적한 회사는 아니지만 합격한다.
이 사: 이사는 길하다. 형편이 어렵더라도 이동하라.
여 행: 장해는 있으나 길하다. 해외여행은 아주 좋다.
소 송: 지금은 불리 하지만 예상외로 승소한다.
실 물: 안에서 잃어버린 것은 찾을 수 있다.
건 강: 오랜 병은 위험하며 서북쪽에 약을 구하라.

택뢰수澤雷隨
24
震木宮

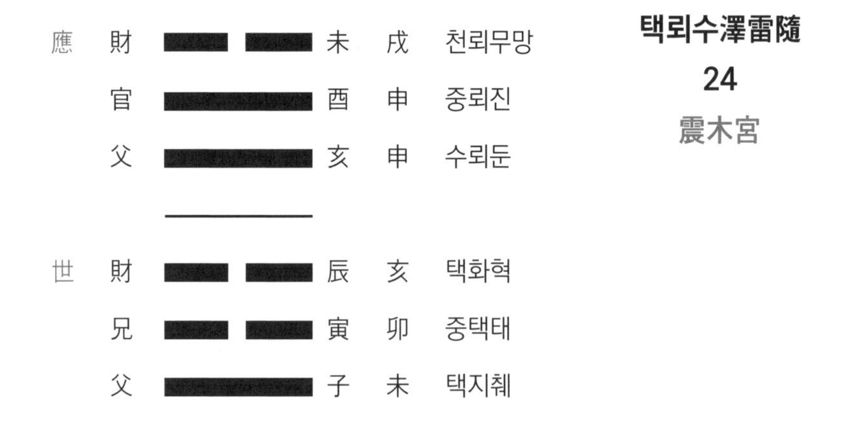

금이 목을 극하니 불길하다. 과한 움직임은 피하라.

수(隨)는 '따르다' '순종한다' 수동적이며 종속적인 의미다. 하늘에서 진동해야 할 우레가 연못 아래 있으니, 연못의 뜻에 따를 수밖에 없어 수(隨)를 괘 이름으로 붙였다. 쫓는 무리가 생기면 말썽이 생기므로 다음을 고(蠱)괘로 받는다.

사 업: 욕심 부리지 말고 아랫사람을 잘 다스려라.
소 원: 윗사람의 협조를 얻으면 쉽게 이루어진다.
거 래: 상대가 쉽사리 응하지 않겠으나 끈질기면 성사된다.
재 물: 수입과 지출이 모두 많고, 융통도 원활하다.
연 애: 나이차가 좀 난다. 연하일 경우가 있다.
매 매: 이익이 크지 않다고 거래를 미루지 말라.
구 인: 동행자가 있으며 두 사람이 같이 온다.
구 직: 구하면 얻을 수 있으며, 직장을 바꿀 때이다.
이 사: 조용한 곳이 나타날 것이다. 바로 이사함이 좋다.
여 행: 동행이 있으면 좋다. 위로가 된다.
소 송: 게임은 이겼으나 승부엔 진 형국으로 손해가 있다.
실 물: 물속이 아니라면 쉽게 찾는다. 북서쪽 높은 곳을 보라.
건 강: 호흡기 계통, 두통 조심, 남서쪽 병원이 길하다.

택풍대과澤風大過
25
震木宮

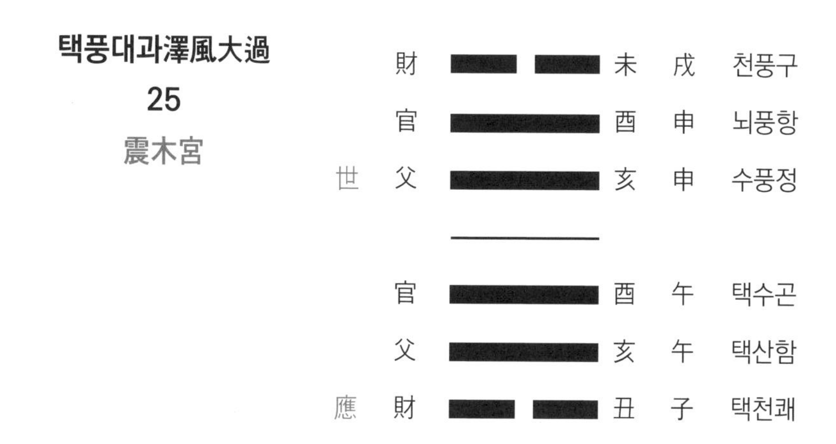

욕심을 조절하지 못하니, 자중하여야 한다.

대과(大過)는 정상적인 것에서 벗어나 '지나치다'라는 뜻이다. 잔잔한 못에 바람이 불어 물결이 크게 일어난다. 눈앞의 이익만보고 일을 크게 키웠으니 지나치다. 라는 뜻에서 대과(大過)를 괘 이름으로 하였다.

사 업: 내부불화로 파산 일보직전의 상황이다. 정리함이 좋다.

소 원: 불가능 하다. 분수에 맞는 소원이면 성취한다.

거 래: 무리다. 오랜 친구의 도움이 있으면 가능하다.

재 물: 궁색하다. 수입보다 지출이 많다.

연 애: 나이차이가 심하고, 미묘한 관계다. 늦바람이다.

매 매: 성사되기 어렵다. 겸손한 자세로 때를 기다려라.

구 인: 오지 않는다. 서로 어긋난다.

구 직: 방해가 있다. 직장을 옮기는 것도 좋다.

이 사: 이사는 보류해라. 불길하니 무리하지 말 것.

여 행: 중단해라. 아무리 불가피한 경우라도 일단 멈춰라.

소 송: 안 좋다. 타협이 길하나 의견의 일치가 어렵다.

실 물: 찾을 수 없으니 단념하는 것이 좋겠다.

건 강: 위험하다. 여자는 생식기 조심, 남성은 과로 조심.

택수곤澤水困
26
兌金宮

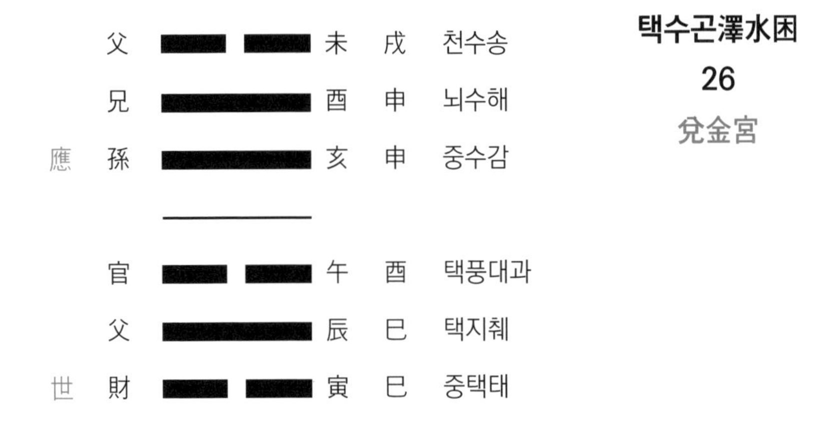

울타리에 갇혀있는 나무요, 물이 없는 연못이다.

곤(困)은 '부족하다'로 제약이 따르고 장애가 많으며 어려움을 겪는다는 뜻이다. 연못에 물이 빠져 물이 부족하여 곤궁에 처하게 되므로, 곤(困)을 괘 이름으로 하였다. 위에서 곤란에 부딪치면 아래로 내려오니 다음을 정(井)괘로 받는다.

사 업: 어려운 시기이니 현재를 지키고, 인간관계를 조심하라.
소 원: 좀 더 때를 기다리자. 반년쯤 지나면 이루어진다.
거 래: 서두르면 낭패다. 상대방의 비위를 맞추어야 한다.
재 물: 예상은 자꾸 빗나가니, 큰일을 벌이지 말아야 한다.
연 애: 한쪽이 속는 연애를 하고 있다.
매 매: 힘든 상황으로 불리하다. 6개월 후로 미루면 좋다.
구 인: 서로의 생각이 다르니 조율하면 된다.
구 직: 어려운 상황에 놓이겠고, 좀 더 기다려야 한다.
이 사: 때가 아니니 지금 있는 곳에 머무는 것이 좋다.
여 행: 취소하라. 불길하며 고난이 따른다.
소 송: 승소해도 이익은 없고 오랜 시간 고통이 따른다.
실 물: 도둑의 소행은 아니지만 찾기 힘들다.
건 강: 오랜 병은 회복이 힘들다. 재 발병 조심하라.

택산함澤山咸
27
兌金宮

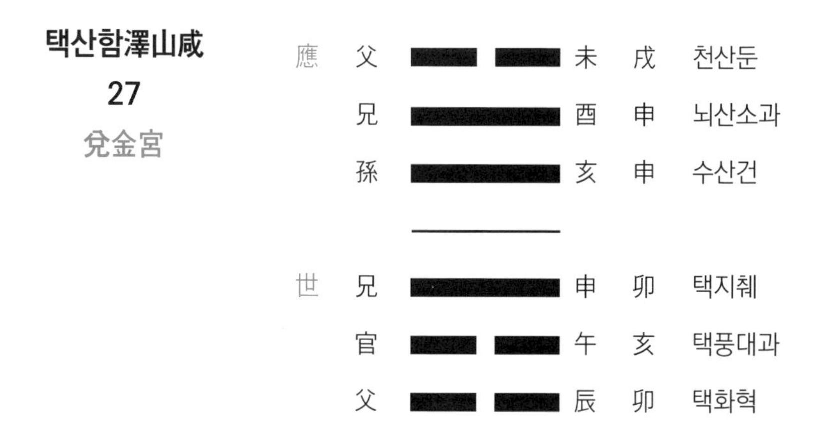

소년이 소녀를 만났으니 만감이 소통한다.

함(咸)은 감(感)과 같은 뜻으로 '느낌이 좋다' '같은 마음이다' 젊은 여자를 상징하는 태(兌)괘 아래 젊은 남자를 상징하는 간(艮)괘가 있다. 남녀의 순수한 사랑과 부부의 도리는 오래 유지해야 하므로 다음을 항(恒)괘로 받는다.

사 업: 매사가 순조롭다. 색정을 조심하면 길하다.

소 원: 귀인의 도움이 있어 매사가 순조롭다.

거 래: 먼 곳의 거래도 쉽게 성사되니 서두름이 좋다.

재 물: 수입과 지출이 많다. 주변의 조언을 듣는 것이 좋다.

연 애: 상대를 얻는 괘이며, 정열적인 괘로 정이 넘친다.

매 매: 매입은 유리하며 큰 이익은 없다.

구 인: 며칠 안으로 기다리는 사람이 올 것이다.

구 직: 경쟁에 뒤지지 않도록 서두르는 것이 좋다.

이 사: 적당한 집이 나타난다. 신축도 좋다. 이사는 길하다.

여 행: 즐거운 여행이 될 것이다. 실물수를 주의해라.

소 송: 이익이 없으니 합의함이 좋다. 쉽게 결말이 난다.

실 물: 가까운 사람에게 물어보면 찾는다.

건 강: 전염병, 감기, 호흡기 질환, 화병 등 조심하라.

택지췌澤地萃
28
兌金宮

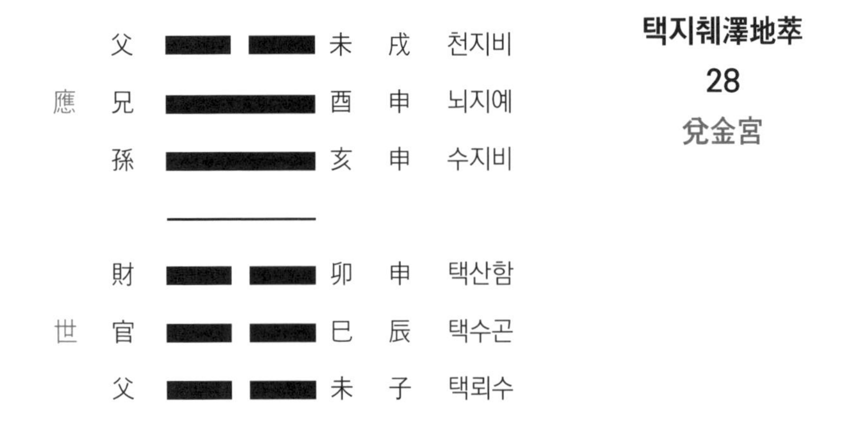

전생의 공덕이 결실을 맺는다. 동업, 승진, 시험에 길하다.

췌(萃)는 '모인다.'라는 뜻이다. 땅위의 연못에 물이 모인다는 뜻의 췌(萃)를 괘 이름으로 하였다. 자꾸 모여져 쌓이게 되면 높이 올라서니 다음을 상승함을 뜻하는 승(升)괘로 받는다.

사 업: 운세가 강할 때다. 선배의 도움이 있으면 더 좋다.
소 원: 경쟁자가 많다. 노인, 여자가 있으면 실패한다.
거 래: 모든 면에서 이익을 본다. 성의를 가지고 임하라.
재 물: 수입은 좋으며 재물도 생긴다. 큰 욕심은 좋지 않다.
연 애: 순조로우나, 두 마리 토끼는 둘 다 놓칠 수 있다.
매 매: 중간에 끼어든 사람 때문에 잘 안 된다.
구 인: 늦기는 하지만 오기는 온다.
구 직: 취업 운은 있다. 무리한 지원은 후회한다.
이 사: 하지 말라. 불가피하면 방향을 잘 따져라.
여 행: 여행은 무난하며, 여난과 실물수를 조심하라.
소 송: 불리하니 도움을 받아 빨리 해결하는 것이 좋다.
실 물: 찾는다. 남의 수중에 있으며 서남쪽에 있다.
건 강: 식중독, 위병, 장(臟)질환, 과로를 조심해야 한다.

화천대유火天大有
31
乾金宮

중천의 태양이 세상을 비추고, 창고에 곡식이 가득하다.

대유(大有)는 '크게 만족하여 즐거워하는 상태'를 말한다. 가지고 있는 저력이 풍부하고 큰 것을 뜻한다. 하늘의 태양이 온 천하를 비추는 상이다. 즉 해가 중천에 떠 빛나니, 천하를 소유한다는 의미이다.

사 업: 욕심이 과하면 불리하니 지금에 만족하라.
소 원: 과하지 않다면 지금이 아니더라도 곧 이루어진다.
거 래: 혼자보다 2~3명이 함께하면 유리하다.
재 물: 풍족하지만 지출이 많다. 소액은 융통이 원활하다.
연 애: 똑같이 이지적이고 자존심이 강한 사람이다.
매 매: 사는 것도 좋지만 파는 것이 이롭다.
구 인: 늦어진다. 한번 더 재촉하는 것이 좋다.
구 직: 직업을 바꾸는 건 좋지 않고, 늦어지더라도 꼭 된다.
이 사: 이사는 하면 좋다. 수리나 개축의 시기이다.
여 행: 안 좋다. 실물수가 있고, 약간 놀랄 일이 있다.
소 송: 처음은 불리하나, 나중에 유리하니 적극 추진해라.
실 물: 늦어지지만 찾기는 찾는다. 가능한 서둘러라.
건 강: 과로로 인한 발병 주의, 서남방의 한의사가 길하다.

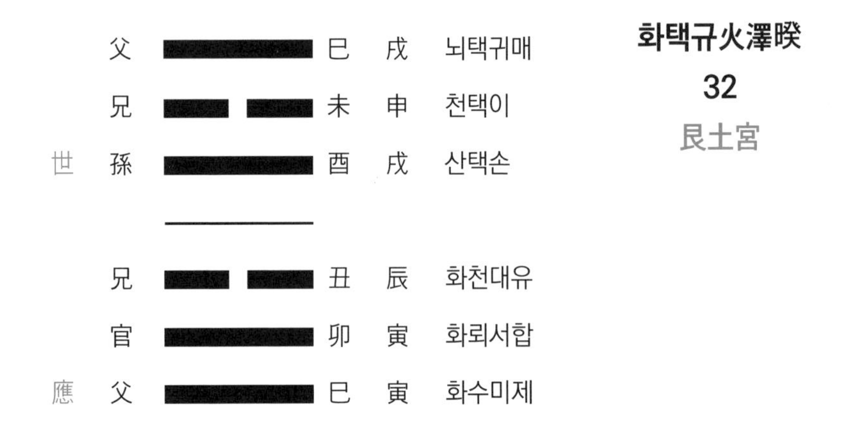

만나는 인연마다 손해를 불러오니 불화와 분쟁을 조심해라.

규(睽)는 빗나가고 뒤틀려 서로 시기한다는 뜻이다. 불은 타오르면서 올라가고, 연못의 물은 낮은 쪽으로 흘러간다. 서로 어긋나 떨어지므로 규(睽)를 괘 이름으로 하였다. 뒤틀려 어긋나면 어려움이 있어 다음을 건(蹇)괘로 받는다.

사 업: 자신의 의사와 상반되니 고통스럽다. 자제함이 좋다.
소 원: 장애가 많고 운이 불길해서 당장은 성취가 어렵다.
거 래: 내부사정으로 갈등이 있어 교섭에 임하기 어렵다.
재 물: 수입보다 지출이 많다. 뒷날을 위해 근검절약해라.
연 애: 마음이 복잡하다. 서로 끌려서 헤어지긴 어렵다.
매 매: 좀 더 기다려라. 시일이 걸리나 매매는 된다.
구 인: 늦어지며 처음과 달리 마음이 변했다.
구 직: 당분간 취직은 어렵다. 6개월 후 가능하다.
이 사: 이사하지 말라, 머물러 있는 것이 길하다.
여 행: 불길하니 여행하지 말라. 늘 가던 곳은 상관없다.
소 송: 강행하면 불리하니 타협하도록 하라.
실 물: 여자에게 물어보아라. 늦어지면 찾기 어렵다.
건 강: 오진이 있을 수 있으니 주의하라.

이위화離爲火
33
離火宮

정열적이고 예의는 바르나, 급성급패의 운이다.

이(離)는 두 개의 불이 짝을 이루어 붙는다는 뜻으로 화(火)를 괘 이름으로 하였다. 영적이며 예술적이고 정열과 왕성한 의욕을 뜻한다. 이(離)는 열정을 말하며 부부의 도를 이룬다. 부부는 같음 마음이어야 함으로 다음을 함(咸)괘로 받는다.

사 업: 장기적 투자는 금물, 단기이익을 노려야 한다.
소 원: 선배나 귀인의 도움으로 성취하겠다.
거 래: 물질보단 명예이며 예술과 문예물이 좋다.
재 물: 손재수와 낭비수가 있다.
연 애: 결혼은 망설이지만, 서로의 장단점을 잘 안다.
매 매: 서두르지 말고 잠시 보류하며 신중을 기하자.
구 인: 소식과 함께 빠른 시일 안에 사람이 온다.
구 직: 현재 불안한 상태이며 6개월 후 귀인이 돕는다.
이 사: 하지 않는 것이 좋다. 아파트는 괜찮다.
여 행: 연기하는 것이 좋다. 금전의 손실이 있다.
소 송: 시일이 걸리면 불리하니 빨리 합의하는 것이 좋다.
실 물: 남의 손에 있으나 찾을 수 있다.
건 강: 고열과 신경계통의 질환으로 고생한다.

화뢰서합火雷噬嗑
34
巽木宮

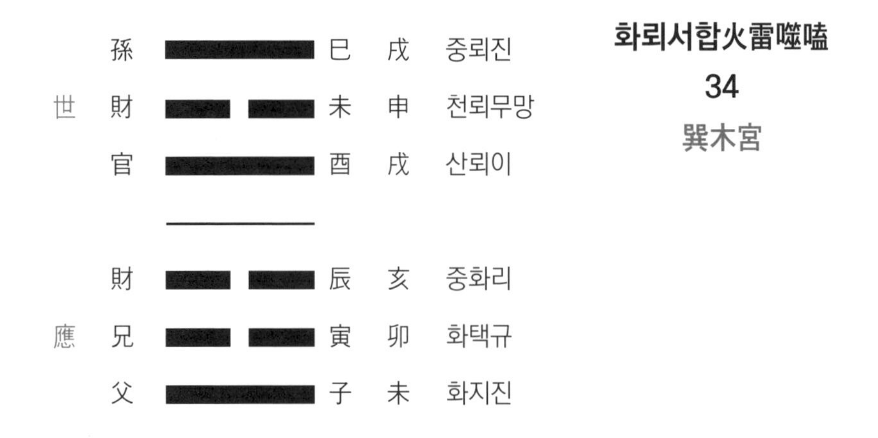

방해물이 있으니 없애 버리고 주위를 정리해야 한다.

서합(噬嗑)은 '꽉 물다' '씹다' '음식을 입안에 넣고 씹는다.'는 의미다. 불과 우레가 만나면 천지를 진동하니, 격렬한 언쟁과 싸움에 휘말릴 수 있다. 잘 정리하는 것이나 합쳐질 수 없는 것이므로 다음을 비(賁)괘로 받는다.

사 업: 당장은 어려우나 장차 큰일을 이룰 수 있다.
소 원: 장해가 있어나 끝까지 밀고 나가면 이루어진다.
거 래: 방해물을 제거하고, 나가면 좋은 결과를 얻는다.
재 물: 수입과 지출이 비슷하니 착실하게 끈기가 필요하다.
연 애: 좀 복잡하다. 정리하지 않으면 문제가 생길 수 있다.
매 매: 때가 아니니 침착하게 때를 기다리자. 좋은 운이 온다.
구 인: 방해자가 있으나 한 번 더 연락하면 10일 이내 온다.
구 직: 노력이 필요하며, 윗사람의 힘을 빌리자
이 사: 이사는 서둘러 하는 것이 좋다.
여 행: 도중에 말다툼과 시비가 있으니 조심하자.
소 송: 오래 끌게 되니, 합의가 들어오면 하는 것이 좋다.
실 물: 밖에서 잃은 것은 경찰에 신고하면 찾게 된다.
건 강: 신경성 질환이면 오래간다. 폭음폭식을 주의하라.

화풍정火風鼎
35
離火宮

3개의 발은 안전하고, 크게 뻗어 발전한다.

정(鼎)은 '안정감' '발이 3개인 솥'을 뜻한다. 불 밑에 바람이 불고, 아궁이에 불을 지피는 모습으로 음식을 만드는 솥을 뜻하는 정(鼎)을 괘 이름으로 하였다. 가정을 다스리는 데는 큰아들만한 사람이 없으므로 다음을 진(震)괘로 받는다.

사 업: 변화가 필요할 때이다, 새로운 거래처를 만들자.

소 원: 3명의 지인이 협력해주면 가능하다.

거 래: 상대의 입장도 고려하라, 어느 정도의 이익은 있다.

재 물: 재운은 길하며 스케일도 크다.

연 애: 이성의 외모가 수려하고, 이지적 이상형을 만난다.

매 매: 이루어진다. 큰 이익은 어렵지만 파는 것이 길하다.

구 인: 좋은 소식이 온다. 기다리자.

구 직: 가능하며, 다른 곳으로 옮기는 것이 길하다.

이 사: 빨리할수록 좋다. 계속 있으면 구설과 손재가 있다.

여 행: 뜻밖의 사고가 있다. 자신포함 3명의 여행이 안전하다.

소 송: 승소의 운이지만, 말썽의 우려가 있다.

실 물: 당장은 찾기 어렵지만, 큰 물건이라면 찾을 수 있다.

건 강: 곧 건강을 찾을 수 있으며 호흡기, 장, 신경계통 주의.

화수미제火水未濟
36
離火宮

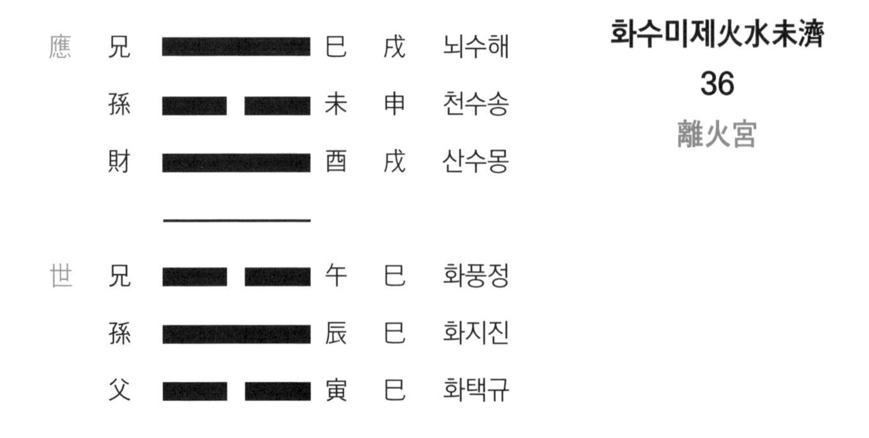

물위에 불이라, 만사가 뜻대로 되지 않는다.

미제(未濟)는 '아직 건너지 않았다' '미완성'을 뜻한다. 우주의 자연과 사물은 궁극에 도달되면 다시 원점으로 되돌아가 제자리로 복귀하게 되고 결국은 혼돈에서 벗어나지 못한다는 의미로 미제(未濟)를 괘 이름으로 하였다.

사 업: 처음은 어려움이 많으나 머지않아 안정된다.
소 원: 지금은 어렵지만 서두르지 말고 노력하면 이루어진다.
거 래: 대인관계를 유지하면 작은 거래는 성취한다.
재 물: 아직 수입보단 지출이 많다.
연 애: 뜻이 맞으나, 결혼을 생각할 인연은 아니다.
매 매: 사는 것은 작은 이익, 파는 것은 많은 이익을 남긴다.
구 인: 뭔가 이유가 있어 오기는 힘들다.
구 직: 어렵다. 실력을 쌓으며 다음을 기다려라.
이 사: 불리하다. 뜻대로 되지 않으니 기다림이 좋다.
여 행: 가까운 곳은 괜찮으나 멀리는 위험이 따른다.
소 송: 승소해도 이익이 없으니 합의하는 것이 좋다.
실 물: 안에서 잃어버린 물건은 높은 곳이 있다.
건 강: 점점 회복된다. 전염병, 방광염, 부인병에 주의해라.

화산여火山旅
37
離火宮

해는 지고 갈 곳 없는 고독한 나그네가 잠자리를 구한다.

여(旅)는 '고향을 떠나 낯선 곳에 방황하는 나그네'를 뜻한다. 태양이 산 아래로 지는 것은 나그네의 여정과 같으므로 여(旅)를 괘 이름으로 하였다. 떠돌아다니면 마음을 붙일 데가 없어 다음을 손(巽)괘로 받는다.

사 업: 일보 후퇴함이 길하다. 자동차, 보험영업은 길하다.
소 원: 뜻대로 이루어지지 않지만 작은 일에는 성취가 있다.
거 래: 상대방 기운이 더욱 좋으니 적당한 선에서 응하라.
재 물: 수입보다 지출이 많으니 지출을 줄여라.
연 애: 나이차이가 많지만, 정신적 사랑으로 통한다.
매 매: 당분간 보류함이 좋다. 팔려도 이익은 없다.
구 인: 늦어지긴 하겠으나 오긴 온다.
구 직: 취직은 바로 되어도 변동이 많다.
이 사: 불리하나 움직여야한다면 서, 북쪽이 길하다.
여 행: 여행해야 할 일이 많이 생기나 실물수가 있다.
소 송: 문서, 남녀의 문제라면 불리하니 합의함이 좋다.
실 물: 찾을 수 있다. 남쪽 높은 곳에 은밀히 있다.
건 강: 고열과 심장병, 신경계통 질환 주의.

화지진火地晉
38
乾金宮

용맹스러운 기세로 문제를 침착하고 당당하게 임하면 길하다.

晉(진)이란 차츰 앞으로 나아감을 뜻한다. 불인 태양이 땅위로 떠오르면서 점점 밝아진다. 나아간다는 의미로 진(晉)을 괘 이름으로 하였다. 계속 전진하다 보면 상해를 입으므로 다음을 명이(明夷)괘로 받는다.

사 업: 새로운 사업이 순조롭지만, 경쟁은 치열하다.
소 원: 조금 늦지만 서남쪽 귀인의 도움이 있을 것이다.
거 래: 상대방보다 먼저 움직임이 필요하다.
재 물: 나중에 더 큰 재물이 오니 차후를 기대함이 좋다.
연 애: 좋은 인연이다. 결혼까지 이어질 수 있다.
매 매: 빨리되며 이익이 있다. 높은 시세로 매매된다.
구 인: 온다. 좋은 소식도 있다.
구 직: 직장인, 구직인 모두 좋다. 이직 또한 길하다.
이 사: 이사는 하면 좋다. 손재수 조심하라.
여 행: 단기는 좋다. 윗사람과 동행하면 더욱 좋다.
소 송: 적극적으로 추진하면 쉽게 해결된다.
실 물: 바깥에서 잃어버렸다면 이미 다른 사람 손에 있다.
건 강: 수족의 마비나 열병, 전염병 주의.

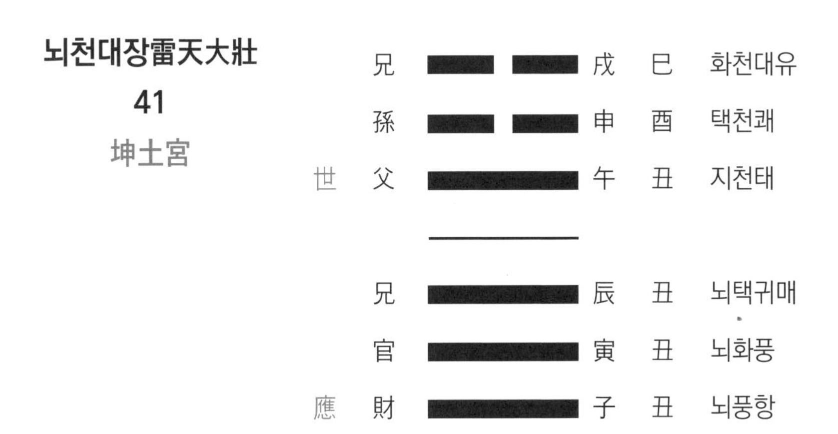

흥분된 상태는 헛됨과 실속이 없다.

대장(大壯)이란 '힘차다' '씩씩하다' 기운이 왕성하며 우울함을 물리친다. 하늘 위에서 우레가 움직이고 있으므로 힘차고 씩씩하다는 뜻에서 대장(大壯)을 괘 이름으로 하였다. 장성하면 사회에 진출해 나가니 다음을 진(晉)괘로 받는다.

사 업: 지금의 기세를 이어감이 중요하다. 조급하지 말라.
소 원: 너무 큰 욕심은 화를 부르는 괘이다.
거 래: 서로가 권세가 있어 고집만 내세울 수 있다.
재 물: 금전의 구애는 받지 않지만 실수가 많다.
연 애: 상호간에 마음만 들뜨고 마음만 서로 착잡하다.
매 매: 차츰 시세가 오르니 기다리자. 지금 팔면 손해이다.
구 인: 동행한 사람이 있으면 같이 올 것이다.
구 직: 구직자는 길하지만, 직장인은 불화가 있다.
이 사: 봄, 가을이 더욱 좋다. 손재수 조심하라.
여 행: 반흉반길, 장애와 구설수가 있으니 주의하라.
소 송: 상대방이 교묘하게 빠져 나가 내가 불리하다.
실 물: 외출 시 밖에서 잃었다면 찾기 힘들다.
건 강: 신경과민 증세로 병세가 악화될 우려가 있다.

뇌택귀매雷澤歸妹
42
兌金宮

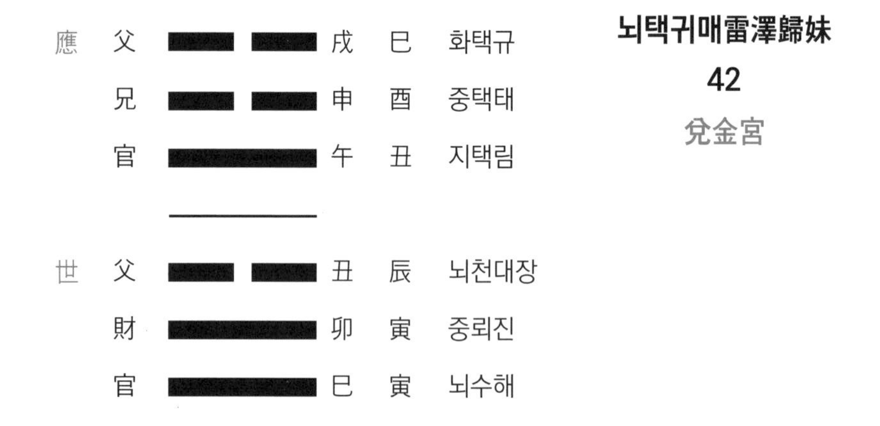

젊은 여자가 정상적이지 못한 연애를 한다.

귀매(歸妹)는 '정상적이지 못한 결혼'을 뜻하며 돌아갈 곳을 얻어 안주하게 된다는 뜻이다. 상괘는 나이든 남자를 상징하는 진괘고, 하괘는 어린 여자를 상징하는 태괘다. 되돌아오면 안정되므로 다음을 풍(豊)괘로 받는다.

사 업: 순조롭지 못하니 노력에 비해 소득이 적다.
소 원: 방해가 있어 이루기 어렵다.
거 래: 상대방이 내 뜻대로 움직이지 않으니 무리하면 손해다.
재 물: 무리하게 욕심을 내면 도리어 손해만 본다.
연 애: 좋은 인연은 아니나, 결혼까지 간다.
매 매: 급하면 오히려 손해를 보니 보류하는 것이 좋다.
구 인: 먼저 연락을 해야 응답이 오며, 빨리 오지는 않는다.
구 직: 경쟁자가 많다. 직장인은 자리를 지키며 열심히 임하라
이 사: 불가피한 경우는 동쪽, 동남쪽, 서북쪽이 길하다.
여 행: 혼자는 좋지 않다. 도중에 불길한 일이 생긴다.
소 송: 불리하니 취하해라. 계약위반 일어나며 득이 없다.
실 물: 형태가 바뀌어 찾지 못한다.
건 강: 교통사고, 신경계통, 중풍 등 조심하라.

뇌화풍雷火豊
43
坎水宮

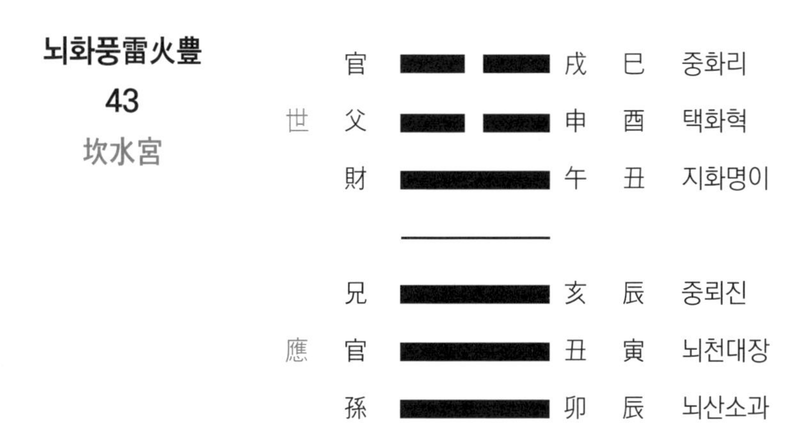

불이 나무을 만나니 목생화(木生火)라 삶이 풍요로워진다.

풍(豊)은 크고 '풍성하다'를 뜻한다. 천둥이 치고 비가 내린 후 햇볕이 빛나는 모습이다. 만물이 풍성한 결실을 맺는다는 뜻에서 풍(豊)을 괘 이름으로 하였다. 커지는 것이 한계에 도달하면 거처를 잃게 되므로 다음을 여(旅)괘로 받는다.

사 업: 계획한데로 내실을 다져야 길한 괘이다.
소 원: 너무 큰 욕심은 불리하니, 적당 선에서 만족함이 좋다.
거 래: 속전속결하라. 오래 끌면 소송이 생길 수 있다.
재 물: 큰돈은 어렵지만 작은 돈은 들어온다. 지출을 줄여라.
연 애: 외모를 중요시하며 정신보다 향락에 빠지게 된다.
매 매: 이익이 없으니 보류함이 좋다.
구 인: 조금 늦어지기는 하겠으나 오기는 온다.
구 직: 취직은 길하며 직장인은 윗사람과 상의하라.
이 사: 지금 주거지도 안정되지 못하지만, 일단 보류하라.
여 행: 장해는 있겠지만 좋은 여행이 될 것이다.
소 송: 시일이 걸리면 불리하다. 도장, 문서관계 조심해라.
실 물: 찾는다. 안에서 잃어버린 물건은 무엇에 쌓여있다.
건 강: 속히 치료해야 불치가 되지 않는다. 과음, 과로주의.

진위뢰震爲雷
44
震木宮

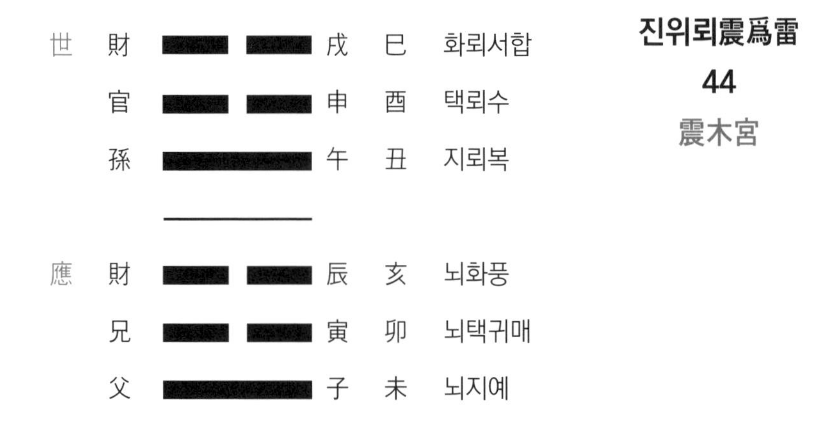

용 두 마리가 한 개의 구술을 두고 싸운다.

진(震)이란 '두려워하다' '사나운 모양' '위엄을 떨치다' 진동, 움직임을 뜻한다. 우레가 크게 진동하니 많은 사람들이 놀라 두려워한다. 영원히 움직이는 것은 없다. 반드시 그칠 때가 있으므로 다음을 간(艮)괘로 받는다. 간이란 그치는 것이다.

사 업: 지금은 호황이지만 전력을 다해 대비하라.
소 원: 당장은 어렵다. 관계를 유지하며 때를 기다리자.
거 래: 뜻대로 되지 않으니 상대에 맞추어라.
재 물: 재수는 있으나 재물이 쉽게 들어오지 않는다.
연 애: 서로 즐기기는 하지만 진지한 면이 없다.
매 매: 이익이 크다. 큰 이익은 땅에 있으며 서두르지 말라.
구 인: 가까울수록 늦어진다. 오래 기다리면 오게 된다.
구 직: 경쟁이 심하지만 가능하다. 직장인은 자리를 지켜라.
이 사: 전근, 이직 때문에 이사할 일이 생기나 좋지 않다.
여 행: 근거리는 괜찮다. 장거리 불리하니 중단하라.
소 송: 이길 수는 있으나 이득이 없다. 타협하라.
실 물: 안 밖에 모두 찾을 수 있다. 남이 찾아줄 것이다.
건 강: 난치병은 어렵다. 고혈압, 불면증, 신경계통 조심

뇌풍항雷風恒

45

震木宮

장녀에게 장남이 왔으니 밝은 빛은 비추네 순종하면 앞날이 길하다.

항(恒)은 '변함이 없다' 한결같음을 뜻한다. 남편이 위에 있고 아내는 아래에 있다. 그 법도가 한결 같다는 뜻에서 항(恒)을 괘 이름으로 하였다. 모든 사물은 한 곳에 오랫동안 머물 수 없으니 다음은 물러난다는 뜻의 둔(遯)괘로 받는다.

사 업: 지금을 유지함이 좋다. 확장은 금물이다.

소 원: 서두르지 말고 유지하면 귀인의 도움으로 성취한다.

거 래: 기존의 방식대로 진행하면 성사된다.

재 물: 재물 운이 좋으며 행운이 따른다. 이익도 있다.

연 애: 적극성은 없지만 서로 교제는 오래도록 이어진다.

매 매: 천천히 매도면 불리하다. 시세가 곧 하락한다.

구 인: 오기는 하는데 도중에 방해가 있어 조금 늦어진다.

구 직: 직장인은 오래 일하고, 구직자는 좀 시간이 걸린다.

이 사: 이사는 불리하다. 현 위치가 이사할 위치보다 좋다.

여 행: 여행은 길하나 장거리 여행은 불리하다.

소 송: 오래 끌면 불리하다. 중개자를 통해 합의하는 게 좋다.

실 물: 물건사이에 끼어 있다. 밖에서 잃어버린 것은 찾기 어렵다.

건 강: 절제하지 못하면 병이 생기니 요통, 신경통, 위장병 주의.

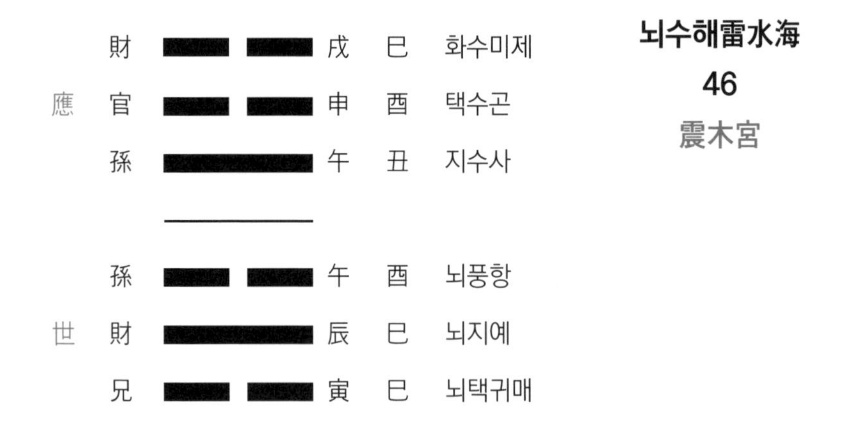

차가운 대지가 해빙되듯 마음도 풀리니 기회가 찾아온다.

해(解)는 '해결되다' '해소된다' 풀어지고 느슨해짐을 뜻한다. 천둥이 진동하여 비를 내리니 얼어붙었던 대지가 풀린다. 봄을 의미하므로, 해(解)를 괘 이름으로 하였다. 완화되어 느슨해지면 반드시 잃어버려, 다음을 손(損)괘로 받는다.

사 업: 바빠지며 모든 일이 한 가지씩 풀려 순풍에 돛을 단다.
소 원: 희망한 일이 성취되며 시간의 흐름에 서서히 풀린다.
거 래: 오랫동안 협상이 해결된다. 단, 해약이 우려된다.
재 물: 큰 재물을 얻을 수 있는 기회가 온다.
연 애: 화려한 연애를 하나, 결혼까지 연결되긴 어렵다.
매 매: 신속하면 이익이 크다. 강매는 구설과 손해가 따른다.
구 인: 조금 지연은 있으나, 연락하면 온다. 기쁜 일이 있겠다.
구 직: 직장인은 승진, 구직자도 직장은 곧 얻는다.
이 사: 이사함이 좋다. 정신적으로 안정을 찾는다.
여 행: 유쾌한 여행이며 많은 것을 얻는 여행이 된다.
소 송: 정당한 일이면 승소하며 부정하면 패가망신이다.
실 물: 집안 물건시아 끼어있고, 집밖은 찾기 어렵다.
건 강: 오랜 지병이 좋아진다. 과음을 조심해라.

뇌산소과雷山小過
47
兌金宮

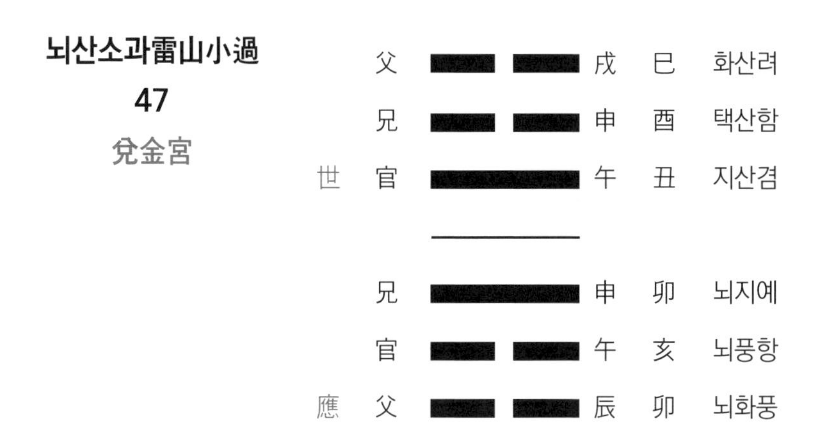

무리하게 처리하면 소과가 대과가 되니 신중해야 한다.

소과(小過)는 '조금 지나치다'라는 뜻이다. 신용을 지키고 의리를 위해서 집착이 지나치면 과실은 불가피하다. 그러나 약간 지나치리만큼 행동에 조심하고 살피는 사람은 반드시 목적을 달성한다. 다음을 기제(旣濟)로 받는다.

사 업: 고전하는 때이나, 곧 기회가 온다.

소 원: 너무 과분한 계획으로 이루기 어렵다.

거 래: 힘들다. 양보하면 가능하나 손해가 있다.

재 물: 뜻대로 되지 않을 때이며 지출을 줄여라.

연 애: 트러블이 많다. 이상이 맞지 않아 헤어질 수 있다.

매 매: 사는 건 좋아도, 파는 건 이익이 없다.

구 인: 재촉하면 장해가 있겠으나 오기는 한다.

구 직: 임시직을 알아보는 것이 좋다. 직장인은 구설이 있다.

이 사: 불리하다. 불가피한 경우라면 택일하라.

여 행: 취소하라. 불리하니 질병 또는 위험이 도사린다.

소 송: 합의가 최선이다. 오래 끌면 관재수에 손해가 크다.

실 물: 도난 당 했으니 찾기 어렵다.

건 강: 시기를 놓치면 오래간다. 신경계통의 질환 주의.

천지가 잠에서 깨어 기지개를 피니, 풍족하다.

예(豫)는 '예측 한다'이며 미리 위험에 대비하고, 장애를 예방하는 것을 즐거워 한다는 뜻이다. 땅 위에서 천둥 번개가치면 비가 내리는 것을 예측할 수 있으므로, 예(豫)를 괘 이름으로 하였다.

소 업: 내부를 충실히 하면 더욱 길하겠다. 서두르지 말라.
소 원: 혼자는 시일이 좀 걸라나, 귀인의 도움으로 성취된다.
거 래: 잘 진행된다. 신규 거래도 원만하다.
재 물: 수입이 많으나 지출도 많다. 인척에 투자하면 좋다.
연 애: 조금 들뜬 기분이며, 아기자기한 정이 있다.
매 매: 상승세이다. 파는 것은 중개인에게 의뢰함이 좋다.
구 인: 중도 장해가 있으나 오기는 한다.
구 직: 직장인은 매우 좋다. 취직을 원하는 이는 취직된다.
이 사: 이사하면 좋다. 신축은 더욱 좋다.
여 행: 여행은 친구간은 좋고 이성간이면 중단하라.
소 송: 실패하기 쉬우니, 손해를 보더라도 합의해라.
실 물: 외출해서 잃어버렸으며 찾기는 힘들다.
건 강: 피로, 과로로 인한 간 손상을 유의하라.

풍천소축風天小畜
51
巽木宮

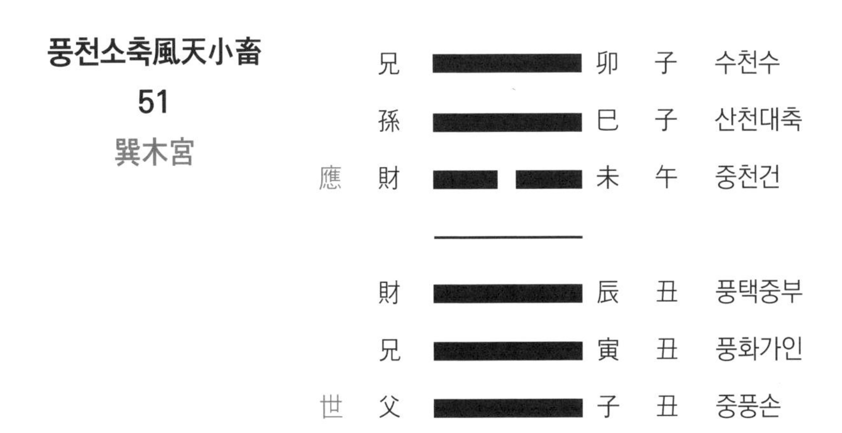

하늘에 어두운 구름이 드리워졌으나, 비는 오지 않는다.

소축(小畜)은 '기르다' '저축하다'라는 뜻이다. 하늘에서 바람이 부는 모습이니, 비가 내리기 전의 상황을 가리킨다. 비가 오면 생명체는 비를 저장한다. 까닭에 저축한다는 의미로 축(畜)을 괘 이름으로 하였다.

사 업: 새 사업 보류, 시작한 사업은 그대로 해라.

소 원: 연장자와 상의하고 무리는 금물이다.

거 래: 최소한의 이익을 생각하면 성사된다.

재 물: 2~5개월 기다리면 얻을 수 있으나 크지 않다

연 애: 성격이 비슷해서 서로 고집이 있어 달콤하진 않다.

매 매: 기회가 온다고 급히 서두르면 손해를 본다.

구 인: 남한테 속고 있어 빨리 오진 못한다.

구 직: 공무원은 길하며, 곧 직업을 얻을 괘이다.

이 사: 하지 말라. 꼭 해야 한다면 2~3개월 미루어라

여 행: 불길하다. 단체는 괜찮지만, 그 외는 부상이 따른다.

소 송: 불리하니, 중재하는 사람에게 모두 맡기는 것이 좋다.

실 물: 찾기는 힘들겠지만 찾으려면 서북쪽에서 찾아라.

건 강: 뇌, 신경계통, 우울증, 신경질 조심.

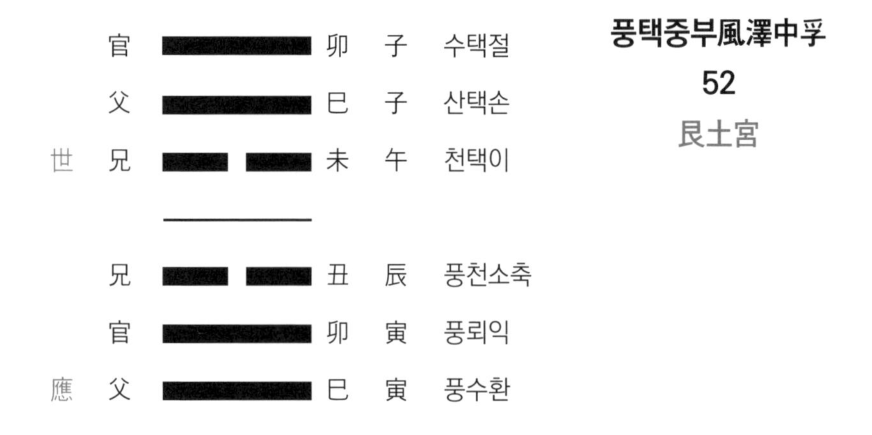

강함이 유함을 보호하고, 본심을 말하니 믿음이 있다.

중부(中孚)란 신용과 성의가 갖춰짐을 뜻한다. 상괘와 하괘가 입을 맞춘 듯 대칭을 이루고, 한 몸으로 결합되어 마치 어미 새가 알을 품고 있는 상이다. 믿음이 있는 자는 말한 것을 실행하므로 다음을 소과(小過)괘로 받는다.

사 업: 실력 이상의 능력을 발휘하여 결실을 맺는다.
소 원: 가식 없이 성심껏 구해 나가면 마침내 성취한다.
거 래: 이해가 엇갈리는 경우가 있으니 서로 이해함이 좋다.
재 물: 재운이 좋으나 들어온 재물의 반이 나간다.
연 애: 해어지면 다시 만나기 힘드니 윗사람과 상의해라.
매 매: 유리하며 서두르지 않는다면 이익이 있다.
구 인: 사람은 오지 않고 소식만 온다.
구 직: 곧 취직하나 윗사람의 조언이 필요하다.
이 사: 무방하나, 천천히 하는 것이 좋다.
여 행: 동행이 있거나 배를 타고 여행하면 길하다.
소 송: 유리하지만 합의해라. 오래 끌면 이익은 별로 없다.
실 물: 서쪽에서 찾아라. 무엇에 쌓여 있으니 찾을 수 있다.
건 강: 고열 또는 허로에서 오는 병이니 방심 말고 치료하라.

풍화가인風火家人
53
巽木宮

집안과 내실을 다지고, 인간관계를 좋게 유지하라.

가인(家人)은 '집을 지키는 사람'으로 집안 식구를 뜻한다. 위는 장녀(長女)고, 아래는 중녀(中女)다. 동생이 언니 아래 있어 그 뜻을 따르니 일가(一家)가 편안하다. 다음을 규(睽)괘로 받는다. 규(睽)란 괴리(뒤틀림)를 의미한다.

사 업: 사업을 할 기회가 올 것이니 하던 일에 열중하라!

소 원: 성취된다. 윗사람에게 조언을 구하라.

거 래: 하던 거래는 순조로우나, 큰 거래엔 실리가 없다.

재 물: 수입이 좋으나, 필요 이상으로 낭비가 있다.

연 애: 라이벌이 생길 수 있으나, 원만히 진행된다.

매 매: 서두르면 손해다. 매도는 매수인이 곧 나선다.

구 인: 먼저 연락하여 청하면 온다.

구 직: 미래가 밝으니 노력하면 가능하다.

이 사: 동의한다면 이사해라. 현재 살고 있는 곳도 좋다.

여 행: 가족 동반은 길하나 그 외에는 그저 그렇다.

소 송: 승소하겠으나 큰 이득은 없다.

실 물: 집안에 있고 찾을 수 있으나 시간이 좀 걸린다.

건 강: 정력감퇴, 성인병과 감기 조심, 지병은 오래감.

풍뢰익風雷益
54
巽木宮

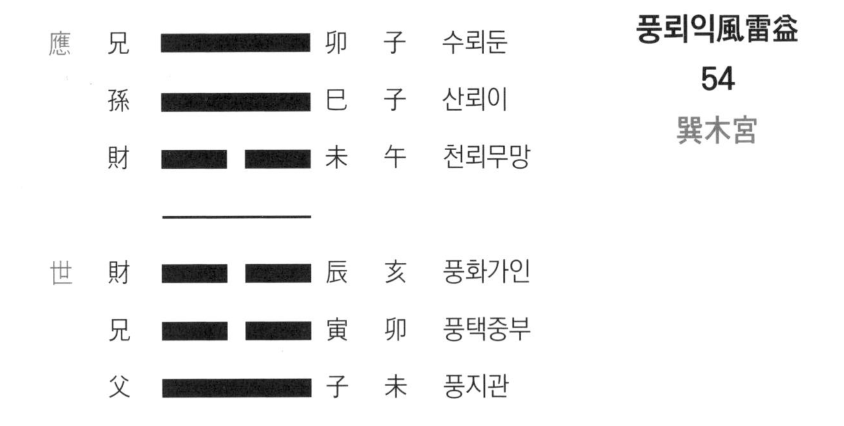

바람이 불고, 비가 오니 가을 들녘이 풍요롭다.

익(益)은 늘어남을 뜻한다. 바람이 불고 천둥이 치니 비가 온다. 비는 골고루 만물을 적셔 유익함을 주기에 익(益)을 괘 이름으로 하였다. 계속 이익을 보다 보면 붕괴되므로 다음을 쾌(夬)괘로 받는다. 쾌(夬)란 붕괴를 의미한다.

사 업: 사업 확장은 금물, 내실을 기하면 이익이 있다.
소 원: 자만하지 않는다면, 고대하던 소망이 이루어진다.
거 래: 잘 되어갈 것으로 성취함에 서로 기쁨 있다.
재 물: 창고에 재물이 쌓인다. 뜻밖에 횡재도 있다.
연 애: 서로 뜨거워질 때이다. 결혼하는 것도 좋다.
매 매: 지금매매해도 이익이며 나중에 하여도 좋다.
구 인: 소식이 먼저 오며 동남쪽에서 온다.
구 직: 취업 가능하며, 직장인은 이직하지 말고 자중해라.
이 사: 좋다. 이사함으로 모든 일이 더욱 잘 풀린다.
여 행: 업무상 여행은 아주 좋다. 이성, 건강문제 주의하라.
소 송: 승소하겠지만, 오래 끌면 불리하니 가능한 타협하라.
실 물: 밖에서 잃은 것은 이미 타인의 손에 있다.
건 강: 오랜 지병은 위험하며 간, 신장, 시력감퇴 주의하라.

바람은 소리 없이 움직이니, 겸손하지만 사고를 조심하라.

손(巽)은 바람처럼 안으로 들어가는 것을 뜻하니, 유순하고 겸양하며 부드러운 의미가 있다. 손괘는 하나의 음(陰)이 두 양(陽) 아래에 순종하고 따르는 형상이다. 되돌아와서 기뻐하므로 다음을 태(兌)괘로 받는다. 태(兌)는 기뻐하는 것이다.

사 업: 이익은 있겠으나, 윗선과 친구에게 조언을 구하자.
소 원: 시일이 걸리겠으니 성급하면 손재수가 따른다.
거 래: 빠르게 처리함이 유리하다. 오래 끌면 불리하다.
재 물: 돈 융통이 막힐 수 있으니 수입보다 지출을 줄여라.
연 애: 정신적, 육체적으로 들뜨지 않게 안정을 찾아라.
매 매: 순조롭지만 작은 장해가 있다. 중계인 에게 위임하라.
구 인: 소식은 오겠으나, 사람은 1주일은 되어야 온다.
구 직: 직장인은 불안하면 이직하는 것도 좋다.
이 사: 무방하다. 단, 신축, 개축한 주택은 고려해라.
여 행: 동반자가 있으면 좋고, 생각보다 길어진다.
소 송: 합의함이 길하며, 남녀의 문제라면 중단함이 좋다.
실 물: 집안 잃어버린 찾겠으나, 밖에서 잃어버린 것은 없다.
건 강: 노인의 질병은 위험하다. 신경분야 질환에 주의해라.

풍수환風水煥
56
離火宮

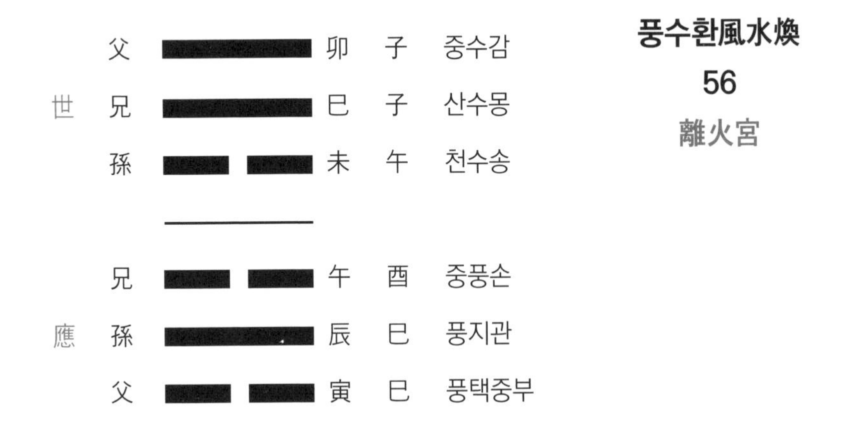

인연 있는 모든 것과 헤어짐으로 결속이 없다.

환(渙)이란 '흩어지다' '풀어지다'라는 뜻으로 헤어짐을 의미한다. 물위로 바람이 불어, 물이 바람에 날려 사방으로 흩어지므로, 겨우내 얼었던 물이 봄바람에 녹아 풀어진다. 사물은 영원히 흩어질 수 없으므로 다음을 절(節)괘로 받는다.

사 업: 큰 노력이 필요한 때로 주위와 협력하면 만사가 길하다.
소 원: 급하면 손실이요, 오랜 소원은 도움으로 성취된다.
거 래: 지금까지의 거래는 정리하고, 새롭게 시작할 때다.
재 물: 수입은 많으나 남은 것이 없으니 지출을 주려라.
연 애: 친구의 연이 이성간의 사랑으로 바뀔 때다.
매 매: 순조롭다. 매입은 좀 더 기다려라. 지금은 손해다.
구 인: 소식은 오겠으나 사람은 오지 않는다.
구 직: 취직은 조금 걸린다. 직장인은 참고 견뎌야 할 때다
이 사: 이사함이 길하다. 이사함으로 안정을 찾겠다.
여 행: 장거리나 이성과 함께하는 여행은 길하다.
소 송: 혼자 힘은 어렵다. 다른 사람에게 위임하면 승소한다.
실 물: 못 찾는다. 다른 이의 수중에 있다.
건 강: 오랜 지병은 점점 좋아진다. 위장, 두통 주하라.

풍산점風山漸
57
艮土宮

소남이 장녀를 만났으니, 길하겠으나 방해가 있다.

점(漸)은 '점점' 뻗어 나아감을 뜻한다. 산 위로 따뜻한 바람이 불어오면 점차로 만물이 깨어난다. 점차적으로 나아간다는 뜻의 점(漸)을 괘 이름으로 하였다. 계속 나아가면 필히 돌아올 곳이 있어야 하므로 다음을 귀매(歸妹)괘로 받는다.

사 업: 서서히 발전해 나간다. 충실한 사람이 필요하다.
소 원: 구체적으로 실현되며 주위의 도움이 있으면 좋다.
거 래: 점차적으로 좋게 거래되니 서로가 이익이다.
재 물: 자금융통이 좋으며 투자한 곳에 이익이 생긴다.
연 애: 축복받은 사랑이다. 연상이라도 결혼하면 길하다.
매 매: 곧 이루어지며 이익이 있다.
구 인: 소식이 먼저오고, 사람은 늦더라도 오게 된다.
구 직: 직장인은 승진, 구직자는 조금만 기다리면 길하다
이 사: 신축한 주택, 아파트, 살던 집, 개축 모두 좋다.
여 행: 멀리 여행할 일이 생긴다. 주색을 주의하라.
소 송: 서둘지 말고 오히려 오래 끄는 것이 유리하다.
실 물: 늦어지면 찾기 어려우니, 동북쪽에서 찾아라.
건 강: 소화기계, 감기, 과로를 조심하라.

풍지관風地觀
58
乾金宮

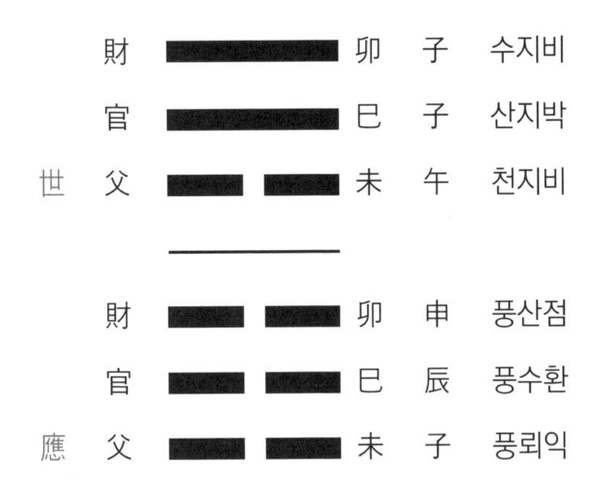

땅위에 바람이 이니 마음이 움직이는 구나.

관(觀)은 '살핀다' 측정한다는 뜻이다. 땅위에 바람이 불어 새로운 변화가 일어난다. 변화를 잘 관찰해야 한다. 서로가 추구하는 것이 같아야 합칠 수 있으므로 다음을 서합(噬嗑)괘로 받는다. 합(嗑)이란 합치는 것이다.

사 업: 신규확장은 불리하나, 정직하면 귀인의 도움이 있다.
소 원: 정신적으로는 성취하나, 그렇지 않은 것은 협조를 구하라.
거 래: 이익이 적다. 상대방 이익도 고려하여 협상하라.
재 물: 궁핍한 생활을 하던 사람에게 뜻밖의 재물이 생긴다.
연 애: 대립이 있다. 여자가 리드해야 성공한다.
매 매: 약간의 이익을 얻는다. 처음은 상승, 차후엔 하락함.
구 인: 생각 중에 있다. 소식이 오면 사람도 곧 온다.
구 직: 현재 직장을 유지하라. 취직은 주변의 도움이 필요하다.
이 사: 환경의 전환이 필요하며, 필히 옮기게 된다.
여 행: 길하며 주색을 조심하면 좋은 성과를 올린다.
소 송: 서두르면 불리하며, 천천히 진행하면 승산이 있다.
실 물: 집안에서 잃어버린 물건은 찾을 수 있고, 밖은 어렵다.
건 강: 불의의 사고에 조심하라.

수천수水天需
61
坤土宮

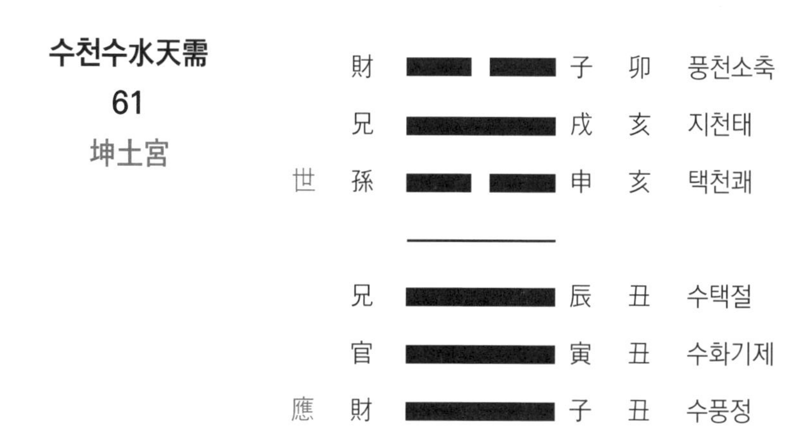

맑은 하늘에 비구름만 있다.

수(需)는 '기다리다' '기대하다' 음식을 먹고 마시는 것이다. 안개가 자욱한 상으로 물러서서 기다려야 할 때를 의미한다. 먹고 마시다 보면 다툼이 따르게 마련이다. 그래서 다음을 송(訟)괘로 받는다.

사 업: 신중해야 한다. 확장, 신규 사업은 꿈도 꾸지 말라.
소 원: 빠르게 해결되지 않는다. 천천히 하나씩 이루어진다.
거 래: 서두르면 싸우거나 송사가 있다. 양보하면 순조롭다.
재 물: 현상유지에 만족하고 욕심을 버려라.
연 애: 서로 좋아하지만 결혼은 4~5년 후 가능하다.
매 매: 서두르면 손해다. 급한 내색을 보이지 말라.
구 인: 오기는 하나 생각한 시간에 오지는 않는다.
구 직: 다니는 직장을 옮기지 마라. 취직은 6개월 후
이 사: 마음에 꼭 드는 집이 나타나니 조금 더 기다려라.
여 행: 연기해야 좋으며 업무상의 출장도 신통치 않다.
소 송: 지루한 싸움, 타협하는 편이 길하다.
실 물: 밖에서 잃은 것은 찾기 어렵다.
건 강: 장기간 치료할 수 있다.

수택절水澤節
62
坎水宮

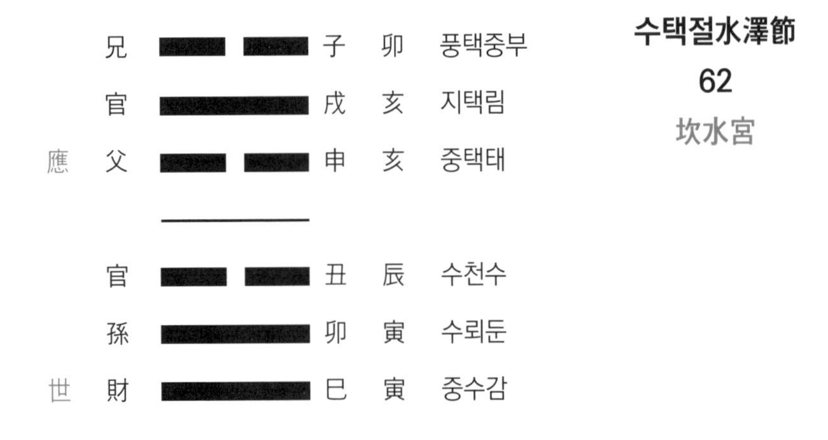

자신의 분수를 알고 절제를 할 때 미래가 있다.

절(節)은 절약하고 억제함을 뜻한다. 연못에 물이 가득하면 흐르게 하고, 모자라면 흐르지 못한다. 분수를 지키고 규범과 질서를 어기지 않을 때 지나침이 없다. 절제하면 믿음이 생기므로 다음을 중부(中孚)괘로 받는다.

사 업: 내실을 다지고 지출을 줄여야 한다.
소 원: 적은 일은 성취되나 큰 것은 어렵다.
거 래: 상대가 강하게 나오니 마음을 굳게 먹고 절충하라.
재 물: 낭비가 심할 때이니 지출을 줄이고 절제하라.
연 애: 좋은 인연이니 결혼까지 이어짐이 좋다.
매 매: 파는 것은 이익이 있고, 사는 것은 이익이 없다.
구 인: 소식과 사람 모두 오기는 하나 늦게 온다.
구 직: 곧 생기며, 직장인은 좀 더 노력할 때이다.
이 사: 이사는 불길하니, 지금 사는 곳에 머무름이 좋다.
여 행: 여행 중 뜻밖의 재난이나 놀라는 일이 생긴다.
소 송: 시간을 끌면 유리하다.
실 물: 밖에서 찾기 어려우나, 집안에서 조금 늦게 찾는다.
건 강: 오랜 병은 천천히 회복한다. 과음, 과식을 주의하라.

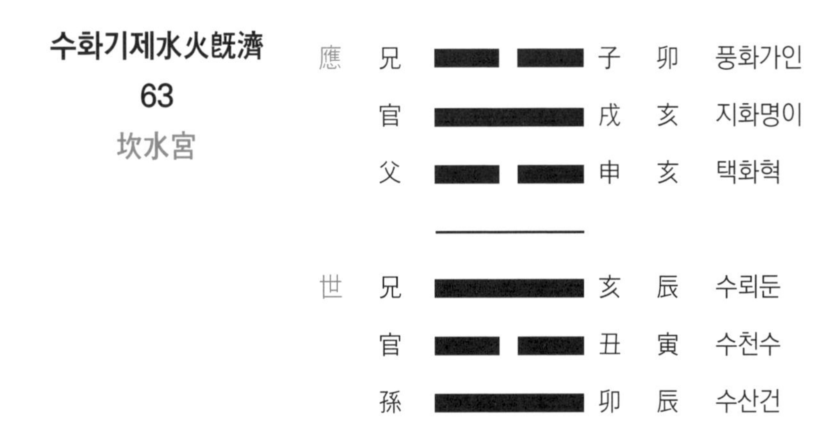

어려움에서 벗어나 뜻을 이룬다.

기제(旣濟)란 '이미 성취했다' '어려움에서 이미 벗어났다'는 의미로. 모든 것이 구비되어 완성단계에 도달함을 뜻한다. 그러나 언제까지나 완성단계에 머물 수 없다. 다음을 미제(未濟)괘로 받는다.

사 업: 고난을 거처 이제야 좋아지니 현상을 유지하라.
소 원: 적은 일은 이루어지나 큰일은 장애가 있어 미루어진다.
거 래: 순조롭게 진행된다. 상대의 이익을 함께 고려함이 좋다.
재 물: 안정되어 지는 상태로 현재의 수입에 만족하라.
연 애: 좋은 인연이다. 구혼자도 곧 좋은 인연 생긴다.
매 매: 매도, 매입 모두 지금은 때가 아니니 기다리면 이익이다.
구 인: 방해가 있어 늦어진다. 소식이 먼저오고 차후에 온다.
구 직: 이직은 불리하며 구직은 경쟁자가 많으니 도움 필요하다.
이 사: 이사하면 재운이 열린다. 좋은 곳이 곧 나온다.
여 행: 동행이 있으면 길하다. 혼자는 사고나 주색 우환이다.
소 송: 지금은 불리하나 결국 승소하니 포기는 금물이다.
실 물: 밖에서 실물한 것은 찾기 어렵다.
건 강: 쉽게 볼 병증이 아니니 주의하라.

수뢰둔水雷屯

64

坎水宮

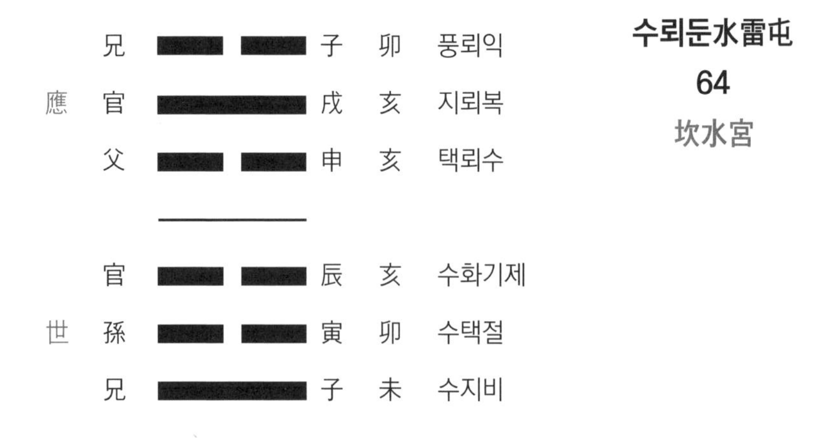

주변에 힘을 빌리면, 훗날 성취하고 길하다.

둔(屯)이란 '진치다' '막히다' '고민하다'라는 뜻과 가득 채워짐을 말한다. 천지가 생긴 후 만물이 처음 생겨나는 괘이다. 비가 내리고 천둥이 진동하는 상이니, 새싹이 눈 속에서 봄을 기다리는 것과 같다

사 업: 아래 직원의 힘으로 좋은 성과를 거둘 수 있다.
소 원: 장해가 있어 어렵다. 조급하면 더욱 어려워진다.
거 래: 좋지 않다. 원만하게 진행되기는 어렵다.
재 물: 어렵지만 바르게 행동하면 현상은 유지한다.
연 애: 환경이 너무 달라서 사귀기는 하지만 어렵다.
매 매: 지금 매매하면 이득이 없다. 기다리는 것이 좋다.
구 인: 소식은 온다. 사람은 늦어진다.
구 직: 좀 더 기다려야겠다. 선배, 친구가 길하다.
이 사: 당장은 어렵고 이사를 해도 썩 좋지는 못하다.
여 행: 이성과 바다, 강 여행은 좋지 않다.
소 송: 대리인을 내세워라. 좋은 결과는 기대하기 어렵다.
실 물: 잃은 것은 찾기 어렵다. 이미 남의 손에 들어갔다.
건 강: 심장병, 신경통, 히스테리 등을 조심할 것.

수풍정水風井
65
震木宮

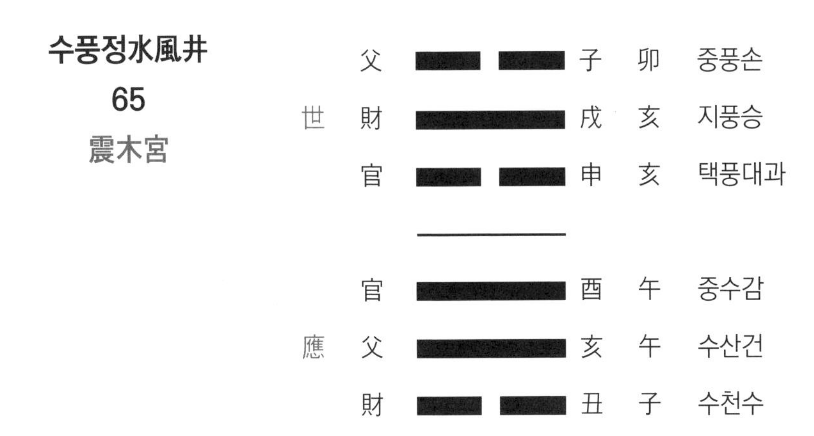

우물에 물이 솟아오르니 부지런히 퍼 올려야 길하다.

정(井)은 '우물' '두레박'을 뜻한다. 바람이 물밑에 있어 깊은 곳까지 통하는 모습으로 정(井)을 괘 이름으로 하였다. 우물이 오래되면 탁해져 지므로 비우고 새로운 물로 채워 놓아야 하므로, 다음을 혁(革)괘로 받는다.

사 업: 새로운 것을 찾을 때가 아니다. 하던 일에 집중하라.
소 원: 시간이 지나면 성취되겠지만, 목표를 바꾸는 것이 좋다.
거 래: 좋지 않다. 서로 거래의 의사가 신통치 않다.
재 물: 침체 상태이니 낭비를 줄이자. 자금 융통은 가능하다.
연 애: 실증을 느껴 헤어지려 하지만 쉽지 않다.
매 매: 귀인의 협조를 얻으면 성사되며 작지만 이익이 있다.
구 인: 사정이 있어 오지 못하나 소식은 곧 온다.
구 직: 직장인, 구직자 모두 어렵다. 많은 시간이 필요하다.
이 사: 손재수가 있다. 3개월 정도 기다려라.
여 행: 이성문제, 구설수와 병액이 있으니 취소하라.
소 송: 여러 가지로 불리하니, 손해 봐도 합의하라.
실 물: 물건 밑, 바닥, 집안에 있으니 꼼꼼히 찾아라.
건 강: 오래가며 노인은 위험하다.

감위수坎爲水

66

坎水宮

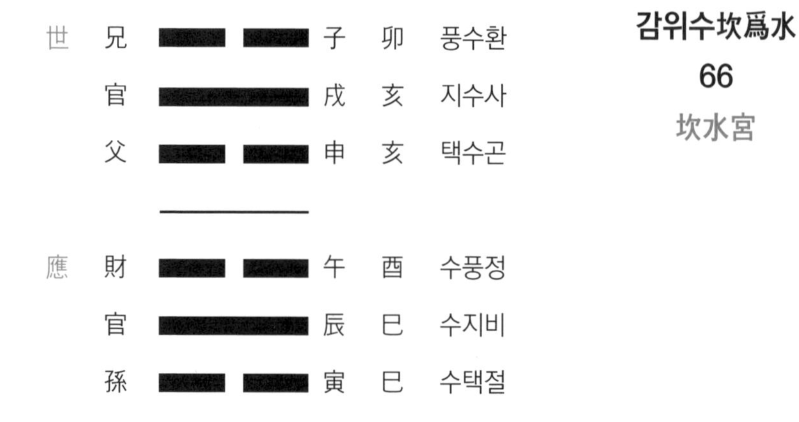

늪과 같은 깊은 함정이 도사리고 있다. 주의하라.

감(坎)은 지나쳐 붕괴된다는 뜻이다. 물이 겹쳐 있으니, 수(水)를 괘 이름으로 하였다. 지나치면 위험에 빠지므로 실패, 좌절, 질병 등의 어려움이 있다. 함몰하면 반드시 해어짐 있으므로 이(離)괘로 받으며, 이(離)란 이별을 뜻한다.

사 업: 도처에 곤경이니, 현상유지하며 때를 기다려라.

소 원: 어려운 시기이다. 실력을 쌓고 때를 기다릴 때다.

거 래: 사기당할 염려가 있으니, 유비무환이 최고다.

재 물: 근검절약해야 한다. 잘못하면 매우 어려워진다.

연 애: 사랑에 빠졌으나 환경이 허락하지 않아서 고민이다.

매 매: 사는 건 안 좋고, 파는 건 가능하나, 손해다.

구 인: 소식은 온다. 사정 있어서 오지 못하니 기다려라.

구 직: 취업사기 조심해라. 장해가 따르니 현실에 충실하자

이 사: 집 하나에 소유자가 두 명일 가능성이 있다.

여 행: 수액과 함정이 많으니 하지 않는 것이 좋다.

소 송: 득이 없다. 돈 잃고 망신당하는 운이니 고집은 접자.

실 물: 손재수가 있다. 범인은 두 명이고 찾기 힘들다.

건 강: 장과 신경계통 질환에 주의가 필요하다.

산을 어렵게 넘었으나, 망망대해(茫茫大海)로다.

蹇(건)은 '절름발이' '나아가기 힘들다' 힘든 역경을 뜻한다. 산 위에 물이 있으니, 산을 넘으면 다시 물이 앞길을 막고 있다. 나아가기가 불편하니, 절름발이라는 뜻을 가진 건(蹇)을 괘 이름으로 하였다.

사 업: 손해 본 것은 손해본대로 두고 기다려라.

소 원: 모든 면에 불리하여 이루기 어렵다. 역부족이다.

거 래: 당장은 힘들다. 상대방 작전에 넘어가는 안 된다.

재 물: 재물이 머물지 않으니 기다려라. 귀인이 돕는다.

연 애: 삼각관계 등 어처구니없는 복잡한 상태가 생긴다.

매 매: 경쟁자가 많아, 자칫 큰 손해를 볼 수 있다.

구 인: 딱한 사정이 있어 소식만 오고 오지 못한다.

구 직: 취직은 힘들며, 직장에선 약하게 보이면 피해를 본다.

이 사: 이사는 불리하니 하지 않는 것이 좋다.

여 행: 사고와 부상이 있을 수 있으니 보류함이 좋다.

소 송: 이겨도 손해이니 사람을 시켜 타협을 보도록 하라.

실 물: 도독의 소행이니 찾기 어렵다. 포기하라 .

건 강: 고혈압과 신경계통의 병증에 주의하라.

수지비水地比
68
坤土宮

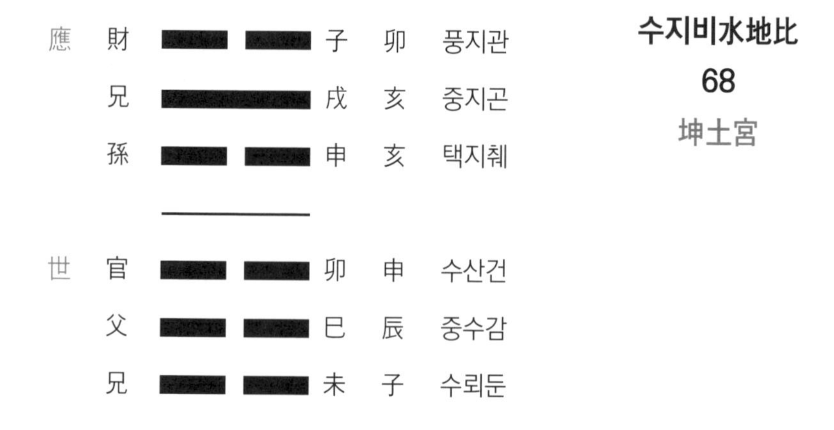

땅과 바다가 어깨를 견주며, 협력하여 일을 도모하니 길하다.

비(比)는 '견주다' '비교하다' '인화(人和)'를 말하며 비슷한 기운이 모여 서로 친화하고 협력한다는 뜻이다. 뜻을 같이하는 사람끼리 집단을 이루어 서로 돕고 협력하므로, 비(比)를 괘 이름으로 하였다.

사 업: 사세가 확장되고, 순풍에 돛을 달았으니 순항한다.
소 원: 순조롭다. 생각이상으로 결과가 크지만 항상 신중해라.
거 래: 상대방의 이익도 생각하면서 진행하라. 성사된다.
재 물: 투자받은 돈이 크니 유통도 길하고 이익도 있다.
연 애: 선택의 고민이 생길 정도로 인기가 좋다.
매 매: 사는 건 불리하니 기다리고 파는 쪽은 유리하다.
구 인: 바로 오진 않지만 기다리면 소식은 온다.
구 직: 경쟁이 많지만 특기가 있으면 무난하게 된다.
이 사: 좋다. 주변 의사를 참고하여 계획대로 실행하라.
여 행: 북쪽, 가까운 곳은 길하고, 동행자가 있으면 더 좋다.
소 송: 끌고 나가면 손해가 크다. 합의 하는 것이 좋다.
실 물: 북쪽 물가 근처에 있다. 늦으면 찾기 힘들다.
건 강: 지병이 될 수 있으니 빨리 치료하라.

산천대축山天大畜

71

艮土宮

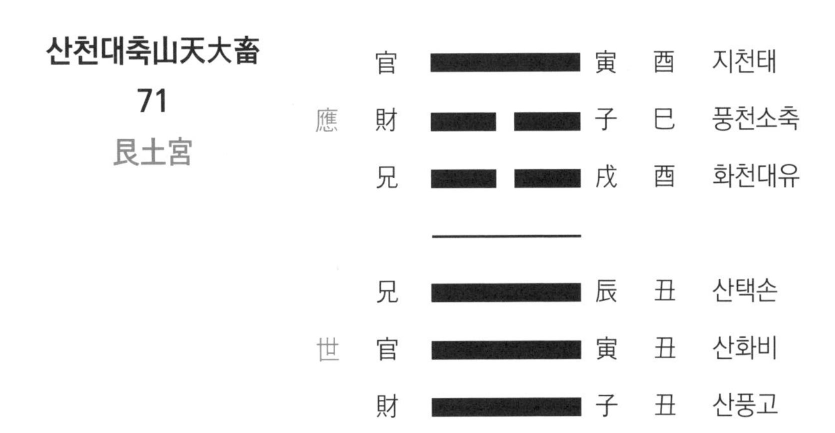

장부가 열심히 일하고 끝을 맺으니 좋은 결과가 기다린다.

대축(大畜)은 '크게 쌓다' 뜻으로, 하늘 위로 높이 솟아 오른 산의 모습이다. 크게 축적된 상이다. 새로운 변화가 하늘을 찌르고 있다. 축적된 자원으로 다른 사람을 부양하므로 다음을 이(頤)괘로 받는다. 이(頤)란 부양하는 것이다.

사 업: 원대한 포부가 있으니 서두르면 오히려 좋지 않다.

소 원: 서서히 이루어 질 것이니 조바심내지 말라.

거 래: 계획한 일을 시작할 때다. 지나친 욕심은 안 좋다.

재 물: 금전유통이 가능하고, 자연스럽게 쌓인다.

연 애: 장래성 있는 두 사람이 사귀고 있으니 결혼도 좋다.

매 매: 서서히 상승한다. 기다렸다 팔아도 좋다.

구 인: 빨리 오려고 해도 방해가 있다.

구 직: 안정되게 직장을 구하고, 재직자는 승진의 운이 있다.

이 사: 좀처럼 마음에 드는 주택이 나서지 않는다.

여 행: 좋지 않다. 장해가 있어 불길하다.

소 송: 급하게 서두르면 불리하다. 시간을 끌면 승소한다.

실 물: 밖에서 잃은 것은 찾기 어렵다.

건 강: 빠르게 치료해라. 오래 이어지면 고생한다.

산택손山澤損
72
艮土宮

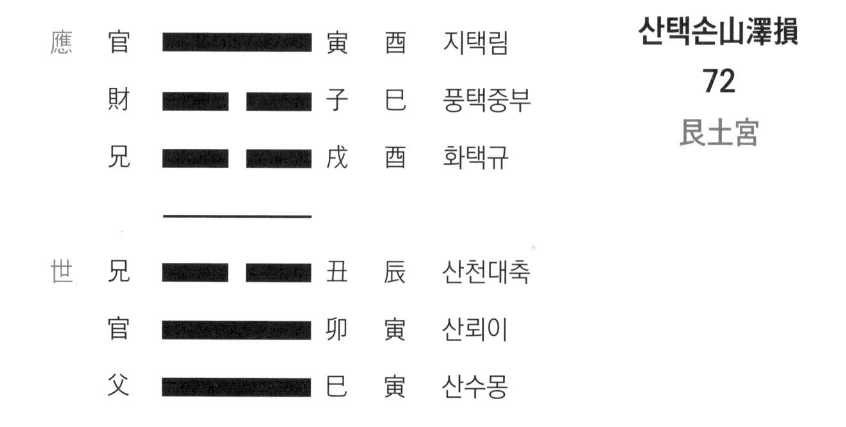

가진 것을 내어주어야 비로소 얻을 수 있다.

손(損)은 '덜다' '줄이다' 손실과 덜어냄을 뜻한다. 산 아래의 저수지 물은 들판을 적시기 위해 흘러가야 하므로, 잃는다는 의미에서 손(損)을 괘 이름으로 하였다. 계속 내어주다 보면 이익이 생기게 되므로 다음을 익(益)괘로 받는다.

사 업: 처음에는 어려움이 있겠으나 후일에 반드시 대성한다.
소 원: 반 이상은 성취하나, 큰 소망은 어렵다.
거 래: 당장은 손해를 보는 것 같지만 밀고나가야 한다.
재 물: 지금은 지출이 많아 손해이나, 차츰 이익이 따른다.
연 애: 진정한 사랑은 즐겁지만, 적당선이 필요하다.
매 매: 구입하는 것은 멈추고, 파는 것은 서둘러라.
구 인: 늦어진다. 독촉하면 늦더라도 오기는 온다.
구 직: 시간이 필요하다. 재직자는 이직 하지 말라.
이 사: 좀 더 기다려라. 바로 이사하면 좋지 않다.
여 행: 혼자서는 가지 말라. 건강에 주의해라.
소 송: 결과적으로 승소하여도 큰 득은 없으니 타협하라.
실 물: 집밖에서 잃어버린 물건은 찾기 어렵다.
건 강: 과로와 신경계통, 소화계통에 주의해라.

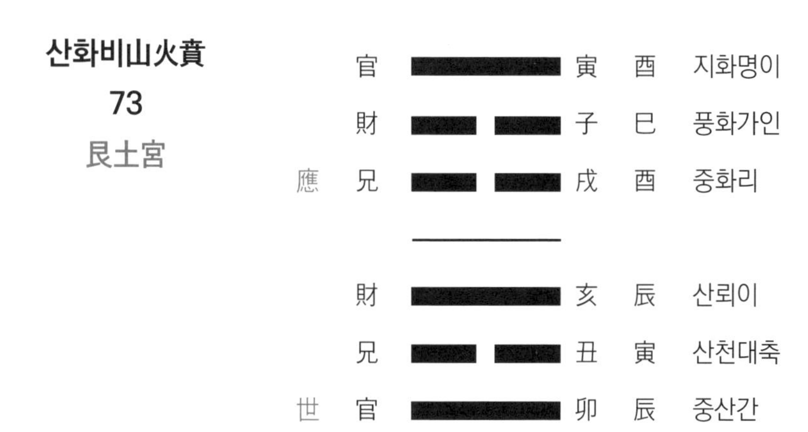

작은 일에는 길하나, 큰일은 해롭다.

비(賁)는 '꾸미다' '장식하다' 뜻이다. 산 아래 불은 해가 서산에 기운 찬란한 황혼을 나타낸다. 겉치레만 하느라고 실속이 없다. 꾸민 뒤에 형통하면 이미 극에 이른 것이므로 다음을 박(剝)괘로 받는다.

사 업: 분수에 넘치면 실패한다.

소 원: 큰 소원은 정성을 다하여야 가능하다.

거 래: 평소에 하던 거래는 원만하나, 사기수가 있다.

재 물: 힘들거나 궁하진 않지만, 소문난 잔치에 먹을 건 없다.

연 애: 오랫동안 사귄 사이라면 서둘러 결혼하는 것이 좋다.

매 매: 구설수만 있고 이익도 없으니 다음 기회로 미뤄라.

구 인: 빨리 오기는 힘드나, 오기는 온다.

구 직: 서서히 취업이 될 운이다. 재직자는 승진하겠다.

이 사: 괜찮다. 금전 능력이 안 되면 전문가와 상의하라.

여 행: 여행은 좋은데 따뜻한 곳으로 가는 것이 좋다.

소 송: 처음은 유리하나 시간이 갈수록 불리하니 합의하라.

실 물: 집에서 잃어버린 것은 찾을 수 있다. 장롱 안을 찾아보라.

건 강: 성인병으로 인한 질병에 주의해라.

산뢰이山雷頤

74

巽木宮

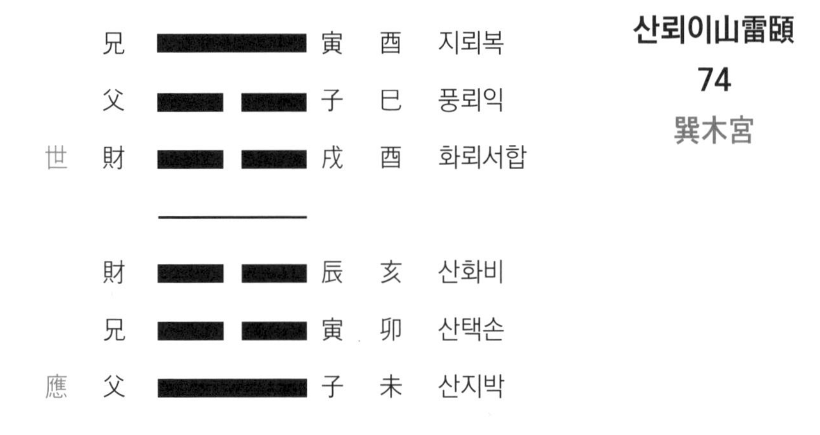

산 아래 천둥이 치니 구설과 시비가 따른다.

이(頤)는 '기르다' '봉양하다' 뜻이다. 산 아래 천둥 우레가 진동하는 상이다. 무언가 산 위로 올라가는 형상으로, 생명을 기른다는 의미의 이(頤)를 괘 이름으로 하였다. 다음을 대과(大過)괘로 받는다.

사 업: 혼자보다 친구와 협력하면 크게 성공할 수 있다.
소 원: 큰일은 시간이 걸린다. 주변과 협력하라.
거 래: 의견 일치를 보며 순조롭게 이루어진다.
재 물: 부족함이 없으나, 주위와 협력하면 더 많아진다.
연 애: 원만하나 경제적 어려움으로 결혼은 결정이 어렵다.
매 매: 적은 것은 가능하나 큰 것은 시일이 걸린다.
구 인: 중간에 소식은 오지 않고, 사람도 늦게 온다.
구 직: 직장인은 자리이동에 주의하라. 구직자는 취직 된다.
이 사: 좋은 때다. 주변과 화합하면 길하다.
여 행: 가까운 곳은 길하나 원행은 동행자와 같이 가라.
소 송: 오래 끌고 가면 승소는 하나, 이익이 없다.
실 물: 내부는 상자나 서랍을 찾고, 외부는 동북쪽에서 찾아라.
건 강: 폭음폭식으로 건강이 상했다. 소화계통을 조심하라.

산풍고山風蠱
75
巽木宮

어려움을 만날 수 있으니, 쉽게 움직이지 마라.

고(蠱)는 '벌레가 나뭇잎을 갉아 먹는다'는 뜻으로 어려움을 뜻한다. 산 밑에 바람이 머물고 있으니, 공기가 탁하여 부패하기 쉽고, 벌레가 생긴다. 많은 수고와 노력을 기울인 다음에야 크게 이룰 수 있으므로 다음을 임(臨)괘로 받는다.

사 업: 실속을 다져야 하므로 천천히 진행하라

소 원: 작은 것은 성취되지만 아직은 때가 아니다.

거 래: 교섭이 들어온다. 무리한 대응은 손해만 커진다.

재 물: 무리한 투자와 지출은 삼가라.

연 애: 지금까지 연애는 안 좋고 지금부터가 좋다.

매 매: 매도하는 것은 괜찮으나, 매입은 보류하라.

구 인: 연락은 오나, 방해하는 사람이 있어 당분간 못 온다.

구 직: 자리가 불안하다. 경쟁자가 너무 많다.

이 사: 속을 염려가 있으니 전문가 도움이 필요하다.

여 행: 해외여행은 취소하는 것이 좋다. 손재수가 있다.

소 송: 오래 계속되며 불리하다. 손해가 있어도 합의하라.

실 물: 집안에 있으며 찾기는 하여도 파손의 우려가 있다.

건 강: 과로나 신경계통, 고질병에 주의, 심장부담 주의할 것.

산수몽山水蒙
76
離火宮

물이 산을 넘을 수 없으니 답답한 상황이다.

蒙(몽)은 '어리다' '어리석다'라는 뜻으로 아직 뚜렷하지 못한 것이다. 시작의 상(象)이며 교육과 밀접한 관계가 있다. 몽괘는 성장까지 기다려야 하니 다음을 수(需)괘로 받는다. 수(需)란 음식으로 기르는 것이다.

사 업: 투자한 만큼 이익이 많지 않지만 기다리면 된다.

소 원: 분수에 맞지 않게 큰 소원은 손해만 부른다.

거 래: 도움이 필요하다. 치밀하지 않으면 비용만 나간다.

재 물: 보이지 않는 지출이 많으니, 신경써라.

연 애: 적극성을 가지고 사귀면 좋은 결과가 있다.

매 매: 가격이 떨어질 때 매입하면 이익이 있다.

구 인: 올 마음은 있으나, 방해가 있으니 많이 늦어진다.

구 직: 참아야 할 일이 많고, 윗사람의 도움이 필요하다.

이 사: 이사는 불리하며 손해가 따른다. 하지 말라.

여 행: 물 피해 와 교통사고가 있으니 취소하라.

소 송: 주위 사람의 의견이 중요하다. 고집 부리지 말 것.

실 물: 어디에 두고 온 것이니 아이들에게 물어보라.

건 강: 병명이 잘 나타나지 않는 질환으로 고생할 수 있다.

간위산艮爲山
77
艮土宮

현재 상태를 유지하고, 새로운 일은 벌이지 마라.

간(艮)은 산이 중(重)하여 움직이지 않고 그 자리에 '머무르다'라는 뜻이다. 간괘는 하나의 양이 두 음 위에 머무르고 있는 상이다. 모든 사물은 영원히 정지되어 있을 수는 없기에 다음을 점(漸)괘로 받는다. 점(漸)이란 점차 나아지는 것이다.

사 업: 확장은 보류하라. 경쟁이 심하니 내실중요하다
소 원: 방해가 있어 큰 소원은 이루기 힘들다.
거 래: 때가 아니니 뜻대로 되지 않는다. 관망함이 좋다.
재 물: 자금 융통이 어려워 부동산을 팔아야 할 때이다.
연 애: 지금의 친구가 나중에 애인이 된다.
매 매: 급히 서두르면 손해다. 구설이 있어 가격이 맞지 않는다.
구 인: 중간에 방해가 있어 소식조차 없다.
구 직: 더욱 노력해야 한다. 재직자는 자리를 지켜라.
이 사: 불길하다. 하고 싶어도 할 수 없는 형편이다.
여 행: 취소하라. 여행 중 불상사가 있으니 무리하지 말라.
소 송: 단독으론 힘들다. 남에게 위임하여 해결함이 좋다.
실 물: 남성에게 물어보라. 서남쪽 높은 곳에서 찾아라.
건 강: 환자나 노인은 위급한 상태다. 소화기 계통을 주의하라.

산지박山地剝
78
乾金宮

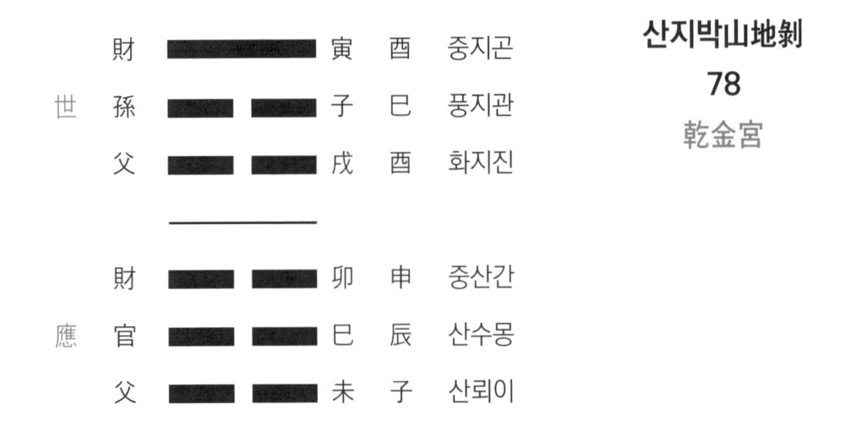

얇은 용기에 물이 가득하니 조심히 다루어야 깨지지 않는다.

박(剝)이란 '벗기다' '빼앗다'를 뜻한다. 땅위에 산이 우뚝 솟아 있으니, 비바람에 깎여 벗겨지고 상처를 입는다. 위로 올라가면서 모든 것이 침식당하지만, 반대로 아래로부터 다시 시작하므로 다음을 복(復)괘로 받는다.

사 업: 내부의 여러 가지 문제를 정리하는 것이 중요하다.
소 원: 지금은 실력이 역부족임을 깨달고 인내하자.
거 래: 위험한 때이니 면밀하게 파악하고 거래에 임하라.
재 물: 지출이 많으니 지출을 줄이고 욕심을 부리지 말라.
연 애: 두 사람의 관계가 무질서하고 장래가 없는 상태다.
매 매: 지금은 때가 아니니, 좀 더 기다리자.
구 인: 방해가 있어 쉬 오지 못함이니, 시일이 걸린다.
구 직: 직장인은 승급에 누락되거나, 감원대상에 오를 수 있다.
이 사: 중단할 것, 지금은 사정이 어려우니 더 신중하자.
여 행: 불길하다. 중도에 사고수가 있으니 주의하자.
소 송: 매우 불리하다. 사람을 중간에 넣어 합의할 것.
실 물: 찾기 어렵다. 시간과 노력만 낭비할 뿐이니 단념하라.
건 강: 교통사고, 불의의 사고에 대비하라.

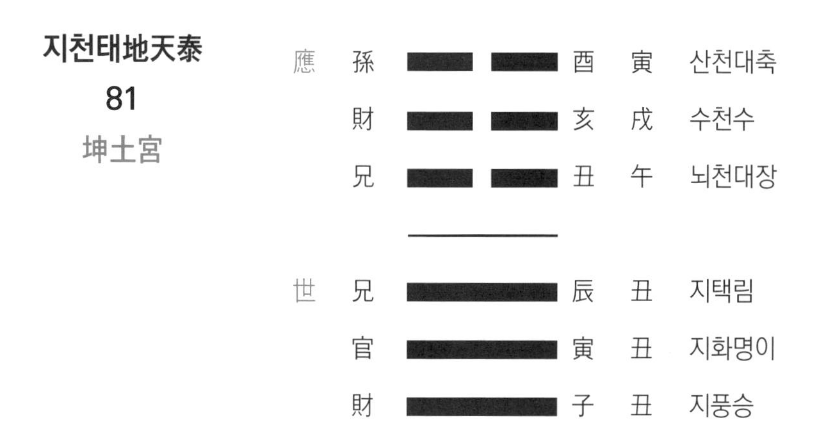

하늘위에 땅이요, 백성이니 참으로 길한 괘다.

태(泰)는 '크다' '태평하다' 크게 번성, 형통 한다는 뜻이다. 땅의 기운은 하늘로 올라가고 하늘의 기운은 땅으로 내려와 서로 조화를 이룬다. 서로 크게 통한다는 의미로 태(泰)를 괘 이름으로 하였다.

사 업: 작은 자본으로 큰 이익을 얻는다.
소 원: 이루어진다. 아직 장해가 있으니 성급하지 말라.
거 래: 교섭도 잘되고 타협도 잘 이루어진다.
재 물: 수입도 좋으며 금전도 막힘이 없다. 횡재운도 있다.
연 애: 없다면 소개로 곧 생긴다. 이상적 연애를 한다.
매 매: 매도는 적당한 가격을 받게 된다. 매입은 신중해라.
구 인: 조금 늦어질 것 같다. 재촉하면 반드시 온다.
구 직: 대인관계를 잘해야 하며 구직에 희망이 있다.
이 사: 불필요하나 하게 되면 서쪽, 북쪽 아파트가 좋다.
여 행: 먼 곳에 여행은 삼가고 가까운 곳은 좋다.
소 송: 승소하나 이득은 없다. 웬만한 선에서 합의가 좋다.
실 물: 밖에서 잃은 것은 파손되었으니 잊는 것이 좋다.
건 강: 건강은 양호하다. 환자는 곧 회복할 것이다.

지택임地澤臨
82
坤土宮

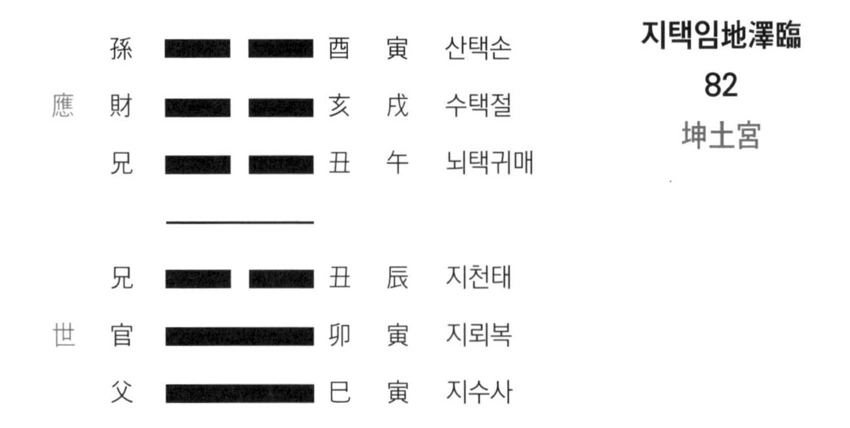

지금까지의 고통은 사라지고 뜻을 이룬다.

임(臨)은 '순서를 밟다' '군림하다'라는 뜻이다. 땅속에 물이 가득하니 곧 새로운 시작을 한다는 뜻이다. 많은 사람 위에 있는 지도자 상이다. 임(臨)은 크게 되는 것이며, 크게 성공한 후 볼 수 있으므로, 다음을 관(觀)괘로 받는다.

사 업: 실속은 없으나, 노력한다면 애쓴 보람은 있다.
소 원: 그동안 들인 공에, 하늘이 감동하여 이루어진다.
거 래: 계약은 분명하게 하라. 엉뚱한 일이 생긴다.
재 물: 저축을 한다면, 일반적으로 재운이 좋다.
연 애: 친구 같은 사이이며 서둘러 결혼하는 것이 좋다.
매 매: 지금은 때가 아니다. 7~8개월 후 내놓으면 좋다.
구 인: 곧 오지 못하지만, 문제가 해결되면 당일이라도 온다.
구 직: 복직, 스카우트 등의 변동 운이 따른다.
이 사: 보류하라. 하고는 싶지만 마음대로 안 된다.
여 행: 먼 곳이나 처음 가는 곳은 피하는 것이 좋다.
소 송: 승소한다. 화해하면 더욱 길하다.
실 물: 물건에 겹쳐있다. 밖에서 잃어버렸다면 찾기 어렵다.
건 강: 중병도 회복될 가능성이 있다. 심장병, 고혈압 조심.

지화명이地火明夷

83

坎水宮

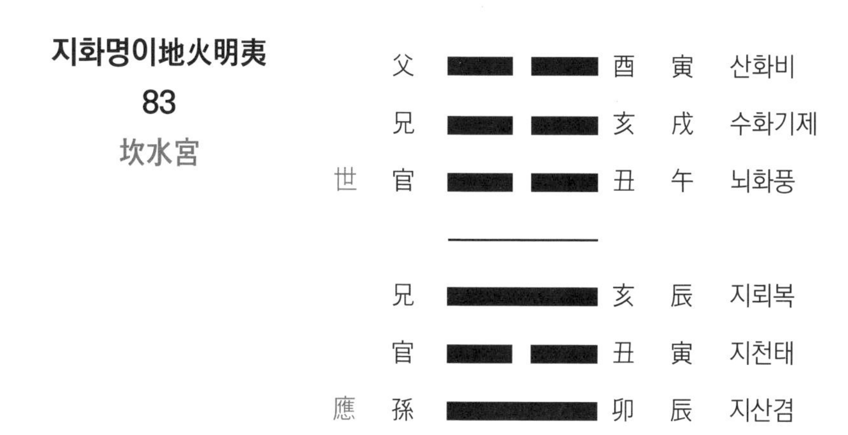

옥을 갈아서 그릇을 만드니, 그 가치가 사라진다.

명이(明夷)의 이(夷)는 '상하고 깨지는 것' 밝음이 깨지고 위태로움과 손상이 따른다는 뜻이다. 태양이 땅 아래 잠기고, 어두움이 온다. 해가 서산에 지는 상이다. 밖에서 손상을 입은 자는 반드시 자기의 집으로 돌아온다.

사 업: 남의 말보다 스스로 냉정히 파악하라.

소 원: 방해하는 것이 있어 순조롭지 못하다. 때가 아니다.

거 래: 사기당할 염려가 있다. 요령 있게 거절하라.

재 물: 있는 재물이라도 아껴야 한다. 힘드니 기다려라.

연 애: 짝사랑일 경우가 많다. 인연이 아니면 포기하라.

매 매: 가격이 맞지 않으니 조금 더 기다려 신중을 기하라.

구 인: 지장이 있어 사람은 늦게 오고 소식만 올 것이다.

구 직: 어려움이 있다. 직장인은 묵묵히 자리를 지켜라.

이 사: 지금보다 못하니 옮기지 않는 것이 좋다.

여 행: 보류함이 좋다. 사고와 질병의 우려가 있다.

소 송: 불리하다. 하등의 이익이 없는 소송이다.

실 물: 아주 깊숙이 숨겨 있어 찾지 못한다.

건 강: 소화기계통의 질병주의, 면역력이 떨어진 상태다.

지뢰복地雷復
84
坤土宮

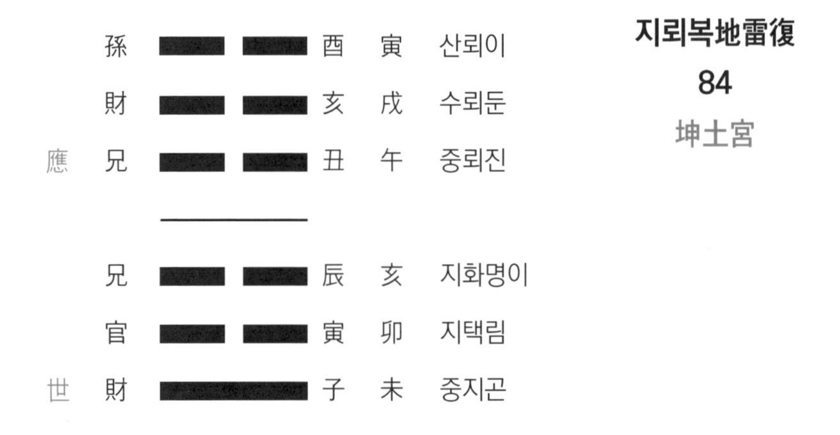

추운 동지는 지나고, 양기가 생하니 개혁과 변화를 맞는다.

복(復)이란 '회복하다'로 다시 되돌아옴을 뜻한다. 땅 밑에서 천둥 우레가 울린다는 것은 땅위에 새로운 시작을 알리는 것과 같아, 곧 성공할 운을 맞고 있다. 잘못을 고치고 새로운 각오로 임하므로 다음 괘을 무망(无妄)으로 받는다.

사 업: 신규투자는 안 되며, 그동안 해온 것에 전념하라.
소 원: 조급하면 고통만 더할 뿐, 기다리면 결실이 있다.
거 래: 분명하게 하라. 순조롭지만 고집은 불리하다.
재 물: 자금에 문제가 있지만, 점차 좋아진다.
연 애: 멀리 있던 사람과 가까워지며, 결혼도 가능하다.
매 매: 조금 더 기다리는 것이 좋다. 전문가와 상의하자.
구 인: 방해가 있어 바로 오지 못한다.
구 직: 조금 늦지만, 재입사 가능성도 있다.
이 사: 시기상조다. 불길하니 일단 보류하라.
여 행: 여행은 무방하나, 비즈니스는 불리하다.
소 송: 시일이 오래 걸리나, 승소할 수 있는 운이다.
실 물: 밖에는 길 위에 떨어뜨려 찾기 어렵다.
건 강: 중병도 회복 가능하나, 재발가능성 있다.

지풍승地風升
85
震木宮

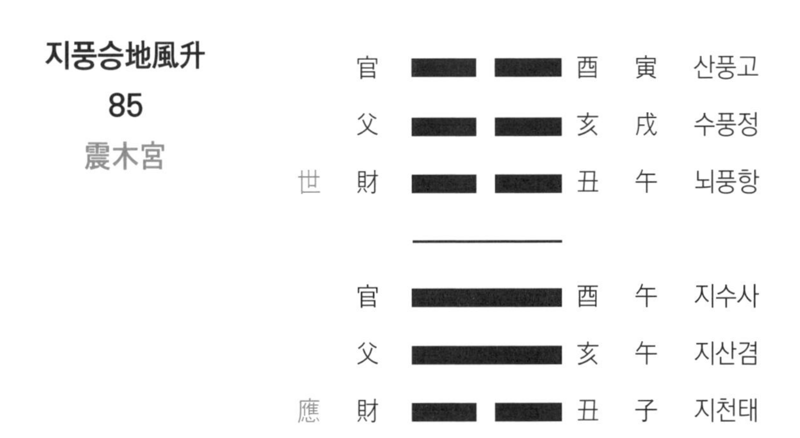

땅에서 바람이 불어 올리니, 계획한 일이 순조롭다

승(升)은 '위로 상승하다' '올라가다' '번성하다'로 상승하여 올라간다는 뜻이다. 땅 밑에 있는 바람이 위로 불어 올리니 상승한다는 뜻의 승(升)을 괘 이름으로 하였다. 계속 상승하면 반드시 곤란에 부딪치므로 다음을 곤(困)괘로 받는다.

사 업: 어려움에 처했던 일도 풀리기 시작하고 좋아진다.

소 원: 정성껏 기원하면 큰 소원도 이루어진다.

거 래: 한 번에 성사되지 않아도 노력하면 이어진다.

재 물: 노력보다 더 많은 소득이 있다.

연 애: 좋은 인연으로 결혼을 서두름이 좋다.

매 매: 귀인의 도움을 얻어 큰 이익을 본다.

구 인: 소식이 온다. 4, 5일쯤 기다리면 찾아오게 된다.

구 직: 곧 취직된다. 직장인은 승진 운이다.

이 사: 괜찮으나, 마땅한 곳이 없을 경우 전문가와 상담하라.

여 행: 지연 될 우려가 있으나 좋다. 사업상 여행은 더 좋다.

소 송: 그대로 밀고 나가야 하며 유리하다.

실 물: 집안에서 잃어버린 것은 낮은 곳에 있다.

건 강: 차츰 회복되며 감기나 기관지계통의 병을 주의하라.

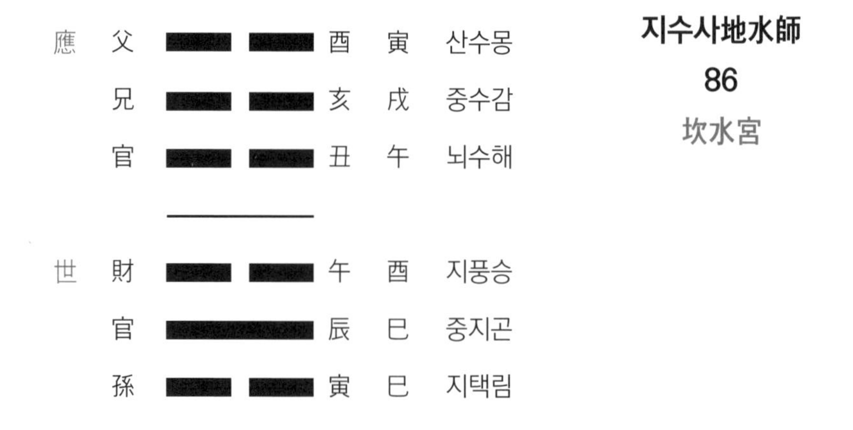

지수사地水師

86

坎水宮

뜻을 같이하는 무리를 거느리고 어려움을 극복한다.

사(師)는 '선생' '군대' '거느리다' 뜻하는 것으로 같은 무리가 많은 것이다. 땅 밑으로 물이 모이는 상이니 여러 사람이 모인 집단을 상징하므로, 통솔한다는 의미에서 사(師)를 괘 이름으로 하였다.

사 업: 하던 일은 평탄하며, 다른 일은 구설수가 있다.
소 원: 성취된다. 윗사람의 도움과 실력이 중요함.
거 래: 상대와 협상을 할 때는 강경책을 써라.
재 물: 과한 계획은 좋지 않다. 작은 돈은 들어온다.
연 애: 순수한 사랑으로 현실과 다른 이상이다.
매 매: 급하게 팔면 손해가 따르니 일단 보류하라.
구 인: 생각지도 않고 있을 때 갑자기 나타난다.
구 직: 경쟁자가 많다. 꾸준히 노력하면 목적은 달성한다.
이 사: 이사는 뜻대로 안되니 하지 않는 편이 좋다.
여 행: 떠나지 않는 것이 좋다. 불가피한 경우 주색 주의.
소 송: 많은 비용과 시간이 걸리니 합의하는 것이 좋다.
실 물: 찾을 수 있으며 서남쪽에 있다. 물건은 망가졌다.
건 강: 대수롭지 않은 병이 오래가며, 장기투병은 위험하다.

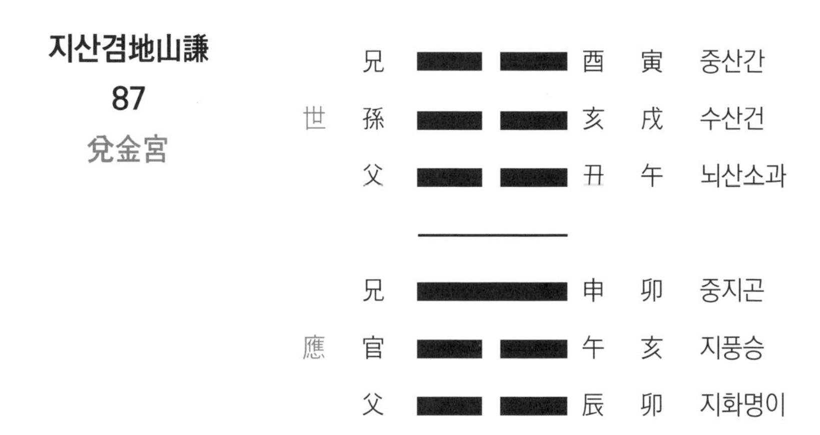

벼가 익어 머리를 숙이니, 세상에 겸손할 줄 않다.

겸(謙)은 '겸손' '겸양'으로 자기보다 부족한 사람을 이끌어주고 도와준다는 뜻으로 자신을 낮추어 겸손함에 머물러 자중할 줄 아니, 높은 산이 땅 밑에 파묻힌 모습이다. 겸손하다는 의미에서 겸(謙)을 괘 이름으로 하였다.

사 업: 현상유지는 되겠지만, 큰 기대는 할 수 없다.

소 원: 뜻대로 이루어지지 않는다. 귀인의 도움이 필요하다.

거 래: 천천히 접근하며, 순서를 정하고 거래에 임하라.

재 물: 서서히 좋아진다. 금전유통은 노인에게 부탁하라.

연 애: 남자에게 여자가 너무 많다. 진실성이 필요하다.

매 매: 팔리기는 하겠으나, 보류하였다가 기회를 보고 팔자.

구 인: 소식은 있지만 늦게 온다.

구 직: 기대엔 어긋나지만 구해진다.

이 사: 아파트는 좋다. 그렇지 않은 경우는 미루는 게 좋다.

여 행: 무방하다. 이성문제로 낭비가 우려된다.

소 송: 오래 갈 염려가 많다. 이겨도 손해를 보니 합의해라.

실 물: 동북쪽의 큰 물건 아래에 있으니 찾을 수 있다.

건 강: 속히 치료 하는 게 좋 장기투병으로 갈 염려가 있다.

곤위지坤爲地

88

坤土宮

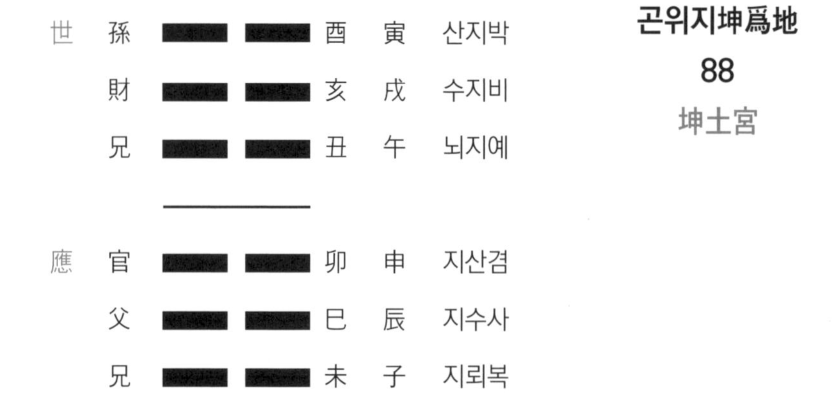

창고에 곡식을 쌓으니 마음이 풍요롭다.

곤(坤)은 '순응하다' '지극하다'라는 뜻으로 만물을 포용하고 생성시킨다. 여섯 효(爻)가 모두 음(陰)으로 만물을 포용한다. 하늘과 땅에 가득 찬 것은 오직 만물이다. 그래서 천지에 가득 채우다 의미로 다음을 둔(屯)괘로 받는다.

사 업: 확장, 신규 사업 불길하며, 의논할 사람이 생긴다.
소 원: 시간이 걸리지만 성취된다. 윗사람과 의논하라.
거 래: 상대방의 이익도 고려하면서 진행하면 성사된다.
재 물: 풍족할 정도는 아니지만 노력한 만큼 수입이 있다.
연 애: 사랑하지만 결단을 못 내리니 해어지는 것이 낮다.
매 매: 남의 말에 귀를 기울이면 손해를 본다.
구 인: 저편에서 올 뜻이 있다. 소식이 먼저 온다.
구 직: 조금 더 기다려라. 직장인은 차츰 안정이 된다.
이 사: 이사할 때다. 이사를 하면 길하다.
여 행: 단체여행이나, 신혼여행은 길하다.
소 송: 적당 선에 합의해라. 서두르면 불리한 방향으로 간다.
실 물: 집밖에서 잃은 것이라면 찾지 못한다.
건 강: 과로, 신경성 스트레스 관리가 필요하다.

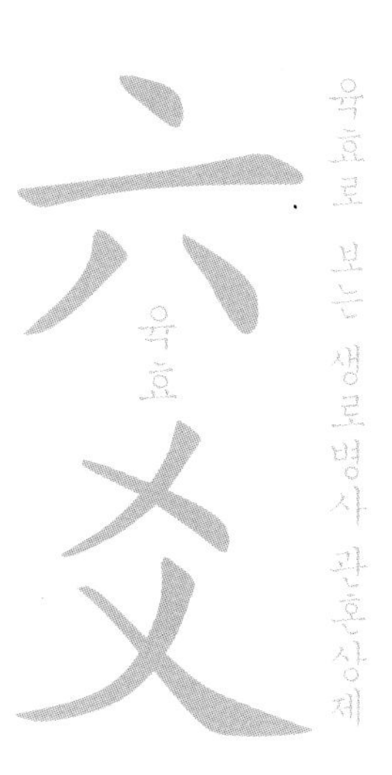

六爻
육효
육효로 보는 생로병사 관혼상제

【참고문헌】

• 미래를 보는 주역점_김도일著
• 육효365_김대환 著
• 역경_주싱(祖行) 著
• 육효로 보는 오늘의 운세_허심거사著
• 천금부황금책(千金賦黃金策)_유백온著
• 복서정종(伏暑正宗)
• TAO oracle
• 易入門_黃小娥 著